PROTECTION

The Protection
of the Rights & Interests
of the Laborer

劳动者职场维权全指引

尹学林 / 著

中国法制出版社
CHINA LEGAL PUBLISHING HOUSE

自序

PREFACE

我做了一件有意义的事

尹学林 / 文

早在 1997 年，中共十五大就提出了“依法治国”基本方略。在这次大会中，“法制”换成了“法治”。

2012 年，党的十八大将“法治”的作用重新定义：“法治是治国理政的基本方式。”

法律是规范社会秩序的根本准则，劳动关系契约需要以法律为基础，职工的劳动权益需要法律作保障，利益关系需要法律来约束，劳动争议纠纷需要依法来解决。

随着法治理念的不断深入，运用法律解决现实矛盾的意识得到了进一步普及。越来越多当事人在面对劳动争议纠纷时不再沉默，毅然拿起了法律的武器。

不可否认的是，在现实的职场中，不签劳动合同、克扣、无故拖欠劳动者工资、随意解除劳动合同、超范围使用劳务派遣工、劳务派遣用工不实行同工同酬、大学生实习零工资、不给农民工缴纳社会保险等问题依然困扰着广大劳动者。笔者随时都能接到许多劳动者打来电话或到现场咨询劳动维权事宜。我在解答他们的问题时，常常感到自己的解答可能无法完全解决他们的疑问，在十几年的法律援助工作中，我一心想把这些问题全都解决，但仍碰到了很多难点；虽然解决了许多疑难问题，但对劳动者所遇到的各种法律问题仍感困惑。现在，劳动者找工作越来越难，有时迫于无奈，甚至放弃签订劳动合同的合法权利，本应订立劳动合同的岗位，却订立了劳务派遣合同，职工的合法权益很难得到维护，甚至还要为维权而奔波。我对劳动者维权之路的艰辛深有体会，对他们的无助和困惑感同身受。

笔者在近20年的维权过程中学习运用并积累了大量的法律知识，从最初为妻子和自身维权，到为本单位职工争取权益，再到后来为全社会的广大劳动者义务维权，笔者经历并搜集、整理了诸多典型案例。为了帮助广大劳动者了解和掌握相关法律规范，笔者借以案说法的方式，并对特殊法律规定的理解与运用进行专题讲解，试图为广大读者呈现《劳动法》的重点内容，并尽量做到通俗易懂，使广大读者能够轻松获得运用法律维护自身权益的技巧。从建立劳动关系到解除劳动合同，结合《劳动法》的规定展现职场中的劳动者可能遇到的热点法律问题并答疑解惑，重点对劳动合同、劳动报酬、经济补偿、疑难问题、特殊群体等在司法实践中难以定论的，且是劳动者最关心的、距离劳动者最近的疑难问题进行全面、深入、详尽的阐释，尤其是对特殊群体的劳动保护和特定的劳动报酬支付。本书几乎涵盖了各种用人单位的各类用工形式，希望广大的劳动者在实践中遇到疑难法律问题时，能够从这本书中找到答案，解答你们的疑问和疑惑。这本书既不同于法律专业理论书籍，又有别于单纯的疑难案例分析，而是针对实践中对劳动者可能遇到的疑难问题依法给出准确的答案，只要劳动者手中拥有这本书，也就等于拥有了解决劳动争议纠纷的锦囊妙计。企业法人、人力资源管理人员、行政执法部门、司法行政部门、劳动人事部门、法官、仲裁员以及律师等法律工作者们都应拥有这本书，对普通职工、农民工，以及劳务派遣工是不可或缺的，对即将毕业的大学生更是有益的。各高校的老师和教授，尤其是法学院的老师，都应拥有这本书，因为书中诸多内容都涉及大学生的劳动权益保护，而未毕业的大学生如果能有这本书，他（她）们在实习和就业的过程中，就不会上当受骗，因为他（她）们已具备了陷阱防范的能力。

笔者的一生是追求公平正义和乐于奉献的一生，曾义务为上万名农民工等弱势群体讨回工资和赔偿 3200 余万元。他们都是穷人，都是弱势群体，当他们的权益受到侵害时，最需要的就是法律上的帮助。如果穷人的权利受到侵犯而不能获得法律援助，那么法律的公平正义很难得到彰显。

向经济困难群体以及其他弱势群体提供免费的法律服务，是我生活中的重要内容，笔者在本书最后附有专篇介绍法律援助典型案例，自 2006 年至 2018 年，每年选取一件。作为基层法律服务工作者、作为一名法律援助志愿者，接受受援人委托为他们提供法律援助、维护当事人的合法权益、确保法律的正确实施、维护社会的公平和正义，既是我的本职工作，也是我的职责。

本书共分六篇，分别为：劳动合同的 12 种情形、劳动合同解除与经济补偿的 12 种情形、劳动报酬支付的 12 种情形、疑难问题专题解答、特殊群体的劳动权益保护的 12 种情形及番外篇。

本书的出版，是笔者作为一名法律工作者为新时代中国法治建设应有的贡献，也是对广大劳动者的贡献。希望本书能成为劳动者维护自身权益的好帮手，但愿每个人都能从本书中受到启发。书中选择的案例具有代表性，所有案例中的人物、单位和情节以及所涉名称均为化名，请不要对号入座。

最后，笔者借此机会，特别感谢大连开发区司法局、大连金州新区司法局、大连金普新区司法局和大连市司法局一直以来的关注与支持。感谢辽宁政德律师事务所主任律师管圣峰同志长期在法律上给予的指导和帮助。

2019 年 5 月

前言

PREFACE

1995年1月1日起，《中华人民共和国劳动法》(以下简称《劳动法》)正式颁布实施，该法将劳动合同制度作为法定的基本用工制度，适用于不同所有制的企业以及不同形式的用人单位，同时也将劳动者的范围从企业中新招用的职工扩大到企业中的所有人员，不分固定工和临时工，不分管理人员和普通工人，均为劳动者。

2008年1月1日，《中华人民共和国劳动合同法》(以下简称《劳动合同法》)公布施行。这是一部重要法律，对我国劳动关系产生了重大影响，促使已有的劳动保障制度产生巨大的变革，也给广大劳动者与用人单位带来了深层次的触动，社会意义极其重大而深远。

那么，既然已颁布了《劳动法》，为何又要出台《劳动合同法》呢？这是因为《劳动法》在13年的运行中出现了许多亟待解决的问题。如大量用人单位不与劳动者签订劳动合同侵犯劳动者的合法权益、将劳动合同短期化、将劳动关系长期化、用劳务合同代替劳动合同从而不为劳动者缴纳社会保险、规避法定义务、滥用试用期、随意设立违约金、终止劳动合同不支付经济补偿金等，更有许多用人单位直接以“临时工”的名义违法用工，剥夺了劳动者依法享有各项社会保险福利待遇的权利。

《劳动合同法》的立法宗旨是明确劳动合同双方当事人的权利和义务，保护劳动者的合法权益，构建和发展和谐稳定的劳动关系。

《劳动合同法》是在总结我国实行劳动合同制的经验基础上，根据我国劳动力市场的需求制定的，对于解决目前我国在合同制施行中存在的问题、促进用人单位执行劳动法律法规、保障劳动者的合法权益起到了积极作用。《劳动合同法》扩大了法律适用范围，使更多处于劳动法律之外的劳动者受到了劳动法律的保护。在用人单位范围的界定上，《劳动合同法》规定企业、个体经济组织、民办非企业单位、事业单位、国家机关和社会团体属于用人单位。

《劳动合同法》施行后，企业再不可不签书面劳动合同，违约金不再能随意设定，试用期不再是廉价期，辞退员工不再轻而易举，劳务派遣将不能再为企业提供规避风险的可能，规章制度不可再由企业单方决定，拖欠劳动报酬将面临 50 倍至 100 倍的处罚，招工时不可再收取押金，劳动合同到期终止，企业不续签的要支付经济补偿金。

鉴于我国目前的现实状况仍然是劳动力相对过剩，资本处于强势，劳动者与用人单位的力量对比严重不平衡，在实践中，用人单位侵害劳动者合法权益的现象依然比较普遍。《劳动合同法》作为一部规范劳动关系的法律，其立法价值在于追求劳资双方关系的平衡，由于用人单位过于强势，而劳动者过于弱势，如果《劳动合同法》对用人单位和劳动者进行同等保护，必然加剧劳资双方关系的不平衡，规定平等自愿订立劳动合同的原则并不能改变劳动关系实际上不平等的现状，而《劳动合同法》实际上在兼顾劳资双方合法权益的前提下，侧重于保护劳动者的合法权益，因此，《劳动合同法》最后采取的是单保护的表述，体现了偏重保护劳动者的价值取向，这就是《劳动合同法》的立法宗旨和基本原则。

尹学林
2019 年 5 月于大连

目录

CONTENTS

第一篇　劳动合同基本知识

第二篇　劳动合同解除与经济补偿支付

第三篇　劳动报酬如何支付

第五篇　特殊群体的劳动权益保护

番外篇　笔者义务代理的法律援助真实案例

第一篇

劳动合同基本知识

对劳动法有广义和狭义上的两种理解。狭义上的劳动法是对由国家最高权力机关颁布的、关于调整劳动关系以及与劳动关系有密切联系的一系列法律的总称，例如《中华人民共和国劳动法》《中华人民共和国工会法》等。广义上的劳动法包括由全国人大、国务院制定的、有关劳动关系的法律法规及由国务院各部门和地方国家机关制定的劳动规章、地方性法规等。一般意义上的劳动法就是指广义上的劳动法，即所有调整劳动关系的法律规范[①]。

劳动合同的解除是指在劳动合同订立后、尚未全部履行以前，由于某种原因导致劳动合同一方或双方当事人提前解除劳动关系的法律行为。劳动合同的解除分为法定解除和约定解除两种。根据劳动法的规定，劳动合同既可以由单方依法解除，也可以双方协商解除。由于法定解除是单方权利，经常被一些用人单位滥用，所以，劳动法对用人单位的法定解除权给予了严格限制；而协商解除是指用人单位与劳动者平等自愿、协商一致解除劳动合同。

---

① 高言、李军主编：《劳动法理解适用与案例评析》，人民法院出版社1996年版，第1页。

1. 劳动法律关系与事实劳动关系有何区别?

劳动法律关系是指劳动法律规范在调整劳动关系过程中形成的法律意义上的劳动权利关系和劳动义务关系。劳动法律关系是被劳动法律规范所调整的劳动关系，所以它的形成必须以劳动法律规范的存在为前提。劳动法律关系的主体是指劳动法律关系的参与者，即享有权利承担义务的当事人，它包括企业、个体经济组织、国家机关、事业单位、社会团体、民办非企业单位等用人单位和与之建立劳动法律关系的劳动者。劳动法律关系与劳动关系的不同之处在于，劳动关系是在劳动者与用人单位事实上存在的关于劳动的关系，而劳动法律关系是劳动关系经过劳动法调整之后的结果，是依据劳动法律规范而形成的劳动合同法律关系，其订立、履行、变更、解除和终止也须遵照劳动法的规定，劳动法律关系是通过当事人之间签订劳动合同而实现的，但国家不可能把所有的劳动关系都上升为劳动法律关系。

劳动法调整的劳动关系，是指在实现劳动的过程中，劳动者与用人单位之间的社会劳动关系。劳动关系的主体双方，一方是劳动者，另一方是用人单位。双方各自具有独立的经济利益，劳动者向用人单位提供劳动能力，要求获得劳动报酬和劳动条件，而用人单位为获取经济利益，要求的是降低人工成本的经济利益。劳动关系的主体双方在维护各自利益的过程中，地位是平等的。劳动关系的主体双方存在管理与被管理的关系，即劳动关系建立后，劳动者要服从用人单位的管理，并遵守用人单位的规章制度。这种从属关系是劳动关系的主要特征。

劳动法不仅调整劳动者与用人单位之间以平等主体身份签订的劳动合

同关系，还对用人单位进行监督和管理，对劳动者进行职业培训，并对违法的用人单位以及个人进行处罚。所以，任何劳动者与任何性质的用人单位因从事劳动而形成的社会关系都属于劳动关系的范畴。

劳动法律关系符合《劳动法》的立法宗旨。《劳动合同法》第 10 条第 1 款规定，“建立劳动关系，应当订立书面劳动合同。”

劳动法律关系需要签订书面劳动合同，而事实劳动关系的基本特征在于没有签订书面劳动合同。《劳动合同法》实行书面合同制，事实劳动关系与书面合同制相抵触。

事实劳动关系主体包括劳动者和用人单位，与劳动法律关系并无区别，《劳动和社会保障部关于确立劳动关系有关事项的通知》中已规定了用人单位和劳动者要符合法定的主体资格。因此，企业、个体经济组织、民办非企业单位、国家机关、事业单位、社会团体都可能成为事实劳动关系的主体。《劳动法》第 19 条和《劳动合同法》第 10 条都规定了建立劳动关系应当订立劳动合同，同时要求以书面形式订立。用人单位和劳动者之间存在劳动关系而没有签订书面劳动合同的，法律上称之为事实劳动关系。

劳动法律关系主要是劳动合同关系，劳动合同分为定期合同和不定期合同。定期合同是指有一定期限的劳动合同，包括固定期限劳动合同和以完成一定的工作任务为期限的劳动合同；不定期合同，也称无固定期限劳动合同。常见的合同主要是录用合同、聘用合同。这类合同受《劳动法》调整。固定期限，是指在劳动合同中用人单位与劳动者约定了合同的到期时间，在合同到期时，合同自然终止，以完成一定的工作任务为期限，是指在劳动合同中用人单位与劳动者约定合同到期时间按工作任务结束时间确定，在工作任务结束时合同即到期终止。不定期合同为无固定期限劳动合同，是指在劳动合同中用人单位与劳动者约定合同无确定到期时间，由于合同没有到期时间，因此无固定期限劳动合同不存在到期终止，只有在法定终止条件出现时才能终止，是一种超稳定的劳动关系。用人单位和劳动者之间存在劳动关系但没有以书面形式订立劳动合同，这种劳动关系缺少了书面劳动合同这一劳动法律关系的形式要件，《劳动合同法》为了稳定劳动关系、推进书面合同标准化，对存在事实劳动关系的用人单位，加重其法律责任，增加了用人单位的风险。

事实劳动关系在两种情况下可能转化为合法劳动关系，《劳动合同法》第10条第2款规定，“已建立劳动关系，未同时订立书面劳动合同的，应当自用工之日起一个月内订立书面劳动合同。”在这一个月内，双方是事实劳动关系，法律不予处罚。《劳动合同法》第14条第3款规定，“用人单位自用工之日起满一年不与劳动者订立书面劳动合同的，视为用人单位与劳动者已订立无固定期限劳动合同。”此时说明事实劳动关系已转化为合法状态。

劳动法律关系中的劳动者签订无固定期限劳动合同需要工作满10年或已连续签订两次固定期限劳动合同，而事实劳动关系只需要1年就变成了无固定期限劳动合同。事实劳动关系的劳动者，虽然与用人单位之间没有签订劳动合同，但双方之间已经存在实质性的劳动关系，因而同样受劳动法的保护。而《劳动合同法》施行后，合法状态下的事实劳动关系仅有一个月，超过一个月将对用人单位进行处罚。《劳动合同法》不承认事实劳动关系。事实劳动关系期间，用人单位既需要依法给予劳动者各项保险待遇，还需要支付两倍工资，根据《劳动合同法》的规定，事实劳动关系人员无法辞退，必须补签合同，在一年后还可以成为无固定期限劳动合同。故事实劳动关系已成为一种超稳定、超标准的劳动关系。《劳动合同法》第82条第1款规定，“用人单位自用工之日起超过一个月不满一年未与劳动者订立书面劳动合同的，应当向劳动者每月支付二倍的工资。”支付期限按事实劳动关系持续时间计算。该条明确规定了事实劳动关系属于一种违法状态，并且相应主体应承担法律责任。

如果用人单位因劳动者提出签订书面劳动合同而解除事实劳动关系，

根据《劳动合同法》第48条的规定，“用人单位违反本法规定解除或者终止劳动合同，劳动者要求继续履行劳动合同的，用人单位应当继续履行。”如果用人单位故意拖延不订立劳动合同，劳动者可以向劳动保障行政部门投诉，劳动行政部门应予以纠正。用人单位因此给劳动者造成损害的，用人单位应当依照《劳动合同法》第87条的规定向劳动者支付赔偿金。《劳动合同法》第87条规定，“用人单位违反本法规定解除或者终止劳动合同的，应当依照本法第四十七条规定的经济补偿标准的二倍向劳动者支付赔偿金。”

2. 劳动者与用人单位之间的劳动关系自何时起建立？

劳动法领域中最基本的概念是劳动关系，只有存在劳动关系，劳动者和用人单位才受劳动法律的规范，才适用劳动法律的相关规定。如果不存在劳动关系，就谈不上劳动者和用人单位，也谈不上劳动法律的适用，因此，首先要研究劳动关系什么时候成立[①]。

《劳动合同法》第7条规定，“用人单位自用工之日起即与劳动者建立劳动关系。”这一规定为明确用人单位和劳动者的劳动关系划定了标准。依据这一规定，用人单位只要让劳动者从事了劳动，从用工那一天开始他们之间即建立劳动关系。也就是说，劳动关系不是从用人单位和劳动者订立劳动合同之日开始，而是从劳动者为用人单位提供劳动开始。与《劳动法》的规定相比，这一规定前进了一大步。《劳动法》的规定是建立劳动关系应当订立劳动合同，从表面上看，劳动关系的开始是以劳动合同的订立为标准的，对于那些没有订立劳动合同的劳动者，只能认定为事实劳动关系。

---

① 信春鹰:《中华人民共和国劳动合同法释义》，法律出版社2007年版，第24页。

实践中，劳动合同的订立可能出现三种情况，一是在建立劳动关系的同时订立，二是在建立劳动关系后一个月内订立，三是在用工前订立。而《劳动合同法》第7条的规定针对以上不同情况，对建立劳动关系与订立劳动合同的关系进一步予以明确。该条所称的劳动关系，是指用人单位招用劳动者在用人单位的管理下提供有报酬的劳动而产生的权利义务关系。劳动关系的基本内容包括劳动者与用人单位之间的工作时间和休息时间、劳动报酬、劳动安全卫生、规章制度、社会保险、职业培训等。确定劳动关系是自用工之日起建立。只有存在劳动关系，劳动者和用人单位才受劳动法规范，才能够适用劳动法的相关规定。因此，《劳动合同法》与《劳动法》的不同之处在于确定劳动关系成立的时间。首先要明确，建立劳动关系的唯一标准是实际提供劳动。只要劳动者实际提供劳动，用人单位实际用工，双方就建立起劳动关系，不论劳动者是否签订了劳动合同，都将受到同等的保护。劳动者和用人单位是平等的主体，双方建立劳动关系的原则是平等自愿，协商一致。在双方确立劳动关系后，劳动者就成为用人单位的职工，就处于提供劳动力的被管理的地位，而用人单位则成为劳动力的使用者，处于管理劳动者的地位，双方形成了管理与被管理的隶属关系，即用人单位招用劳动者后按照劳动法的规定签订书面劳动合同。还有一种情况是劳动关系的建立早于劳动合同的签订，即用人单位在用工后并未立即与劳动者签订劳动合同，而在用工一个月内订立书面劳动合同，此时劳动关系应在用工之日就建立，而不是在签订劳动合同之日建立。再有一种情况就是劳动合同早于劳动关系的建立，即用人单位在用工前就与劳动者订立了劳动合同，但此时签订的劳动合同并不代表劳动关系的成立，因为双方并未按照劳动合同开始履行双方权利和义务，劳动关系应当从用工之日建立。依照《劳动合同法》第7条之规定，劳动关系的成立不再以书面劳动合同订立为前提，而是以用人单位和劳动者发生了劳动力的使用和被使用的事实为认定依据，即劳动关系成立的时间为用人单位用工之日。《劳动合同法》第10条第3款规定，“用人单位与劳动者在用工前订立劳动合同的，劳动关系自用工之日起建立。”即劳动者进入用人单位提供劳动行为，双方就发生权利义务关系。当用人单位和劳动者发生了劳动力的使用和被使用的事实，劳动关系成立。因此，引起劳动关系产生的基本法律事实是用工，不再是过去的劳动合同。也就是说，从2008年以后，新员工上班第一天就已同用人单位建立起劳动关系，即便此时未签订劳动合同。所以，确定劳动关系的起始时间是以劳动者在用人单位的管理下提供有报酬的劳动为依据的。虽然书面劳动合同不再为劳动关系成立的要件，但是《劳动合同法》还是突出强调劳动合同形式的书面化，书面劳动合同是劳动合同的唯一合法形式。劳动关系的建立与劳动合同的订立可以分开，两者没有必然联系。但未有书面劳动合同而先有实际用工行为，意味着用人单位和劳动者已经开始履行劳动合同的内容，即劳动者已被用人单位使用。现实中这种劳动关系普遍存在。当劳动者进入用人单位且提供了劳动，双方就产生了法律意义上的劳动关系。即使双方在用工前就已经订立了劳动合同，劳动关系也是自用工之日起建立。

3. 劳动者在什么情形下可以解除劳动合同？

所谓劳动合同的解除，是指在劳动合同签订以后、履行完毕之前，由于某种原因导致双方提前终止合同效力的法律行为。

《中华人民共和国劳动合同法实施条例》（以下简称《劳动合同法实施条例》）第18条规定，“有下列情形之一的，依照劳动合同法规定的条件、程序，劳动者可以与用人单位解除固定期限劳动合同、无固定期限劳动合同或者以完成一定工作任务为期限的劳动合同：（一）劳动者与用人单位协商一致的；（二）劳动者提前30日以书面形式通知用人单位的；（三）劳动者在试用期内提前3日通知用人单位的；（四）用人单位未按照劳动合同约定提供劳动保护或者劳动条件的；（五）用人单位未及时足额支付劳动报酬的；（六）用人单位未依法为劳动者缴纳社会保险费的；（七）用人单位的规章制度违反法律、法规的规定，损害劳动者权益的；（八）用人单位以欺诈、胁迫的手段或者乘人之危，使劳动者在违背真实意思的情况下订立或者变更劳动合同的；（九）用人单位在劳动合同中免除自己的法定责任、排除劳动者权利的；（十）用人单位违反法律、行政法规强制性规定的；（十一）用人单位以暴力、威胁或者非法限制人身自由的手段强迫劳动者劳动的；（十二）用人单位违章指挥、强令冒险作业危及劳动者人身安全的；（十三）法律、行政法规规定劳动者可以解除劳动合同的其他情形。”

实践中，劳动者在与用人单位解除劳动合同时，应当具有证据意识，要保留好依法解除劳动合同的相关证据。协商解除劳动合同的，应当签订协议书并要求用人单位出具解除劳动合同的书面证明。预告解除劳动合同的，应保留用人单位签收提前通知的书面证据，用人单位拒不签收的，可以通过特快专递等邮寄方式送达，并保留邮寄送达的书面证据。即时解除劳动合同的，最好也以书面形式通知用人单位。尽管法律对此没有要求，但从举证角度考虑，建议劳动者使用该形式，否则用人单位如辩称劳动者未经通知就擅自离职，将会使劳动者陷于被动。

《劳动合同法》第38条对劳动者随时解除劳动合同作出了具体规定，劳动者可以行使即时解除权的情形有，“（一）未按照劳动合同约定提供劳动保护或者劳动条件的；（二）未及时足额支付劳动报酬的；（三）未依法为劳动者缴纳社会保险费的；（四）用人单位的规章制度违反法律、法规的规定，损害劳动者权益的；（五）因本法第二十六条第一款规定的情形致使劳动合同无效的；（六）法律、行政法规规定劳动者可以解除劳动合同的其他情形。用人单位以暴力、威胁或者非法限制人身自由的手段强迫劳动者劳动的，或者用人单位违章指挥、强令冒险作业危及劳动者人身安全的，劳动者可以立即解除劳动合同，不需事先告知用人单位。"《最高人民法院关于审理劳动争议案件适用法律若干问题的解释》第15条还规定，拒不支付劳动者延长工作时间工资报酬的、低于当地最低工资标准支付劳动者工资的，迫使劳动者提出解除劳动合同的，用人单位应当支付劳动者的劳动报酬和经济补偿，并可支付赔偿金。劳动者可以立即解除劳动合同，不需要事先告知用人单位。上述情形都是严重违反劳动合同法的行为，出现第2种情形的，是严重侵犯劳动者人身权利的行为，劳动者可以立即解除劳动合同，而不需事先告知用人单位。这是法律赋予劳动者即时解除劳动合同的权利。而且在解除劳动合同时，劳动者还可获得经济补偿金。需要注意的是，劳动者行使即时解除权必须是《劳动合同法》第38条所列的情形，用人单位不得通过任何方式限制劳动者行使该权利。劳动者依据上述理由解除劳动合同的，可以向用人单位要求支付经济补偿金。

现实中，劳动者在行使解除权时向用人单位递交的书面通知往往很不规范，导致其合法权益不能得到很好的维护。笔者在此依据《劳动合同法》的规定向劳动者提供一份《解除劳动合同通知书》范本供广大劳动者使用，该通知书适用于即时解除劳动合同（即劳动者被迫辞职）。

解除劳动合同通知书

昌盛食品有限公司：

因本公司存在下列第3项情形，严重侵犯了本人的合法权益，迫使本人提出解除劳动合同。

1. 未按照劳动合同约定提供劳动保护或者劳动条件的；
2. 未及时足额支付劳动报酬的；
3. 未依法为劳动者缴纳社会保险费的；
4. 拒不支付劳动者延长工作时间工资报酬的；

5. 低于当地最低工资标准支付劳动者工资的；

6. 用人单位的规章制度违反法律、法规的规定，损害劳动者权益的；

7. 用人单位以欺诈、胁迫的手段或者乘人之危，使对方在违背真实意思的情况下订立或者变更劳动合同的；

8. 用人单位以暴力、威胁或者非法限制人身自由的手段强迫劳动者劳动的；

9. 用人单位违章指挥，强令冒险作业危及劳动者人身安全的。

劳动合同自本通知书送达之日起解除。

特此通知！

通知人：武有理

2009 年 8 月 12 日

只要用人单位存在通知书中的前 7 种情形的任何一种，劳动者就可以随时通知用人单位解除合同，而不必遵守解除预告期和书面形式通知的要求。用人单位存在第 8 种、第 9 种严重违法行为时，即用人单位以暴力、威胁或者非法限制人身自由的手段强迫劳动者劳动的；用人单位违章指挥、强令冒险作业危及劳动者人身安全的，劳动者可以立即解除劳动合同而无需事先告知用人单位，完全可以省略书面通知的送达程序。这是《劳动合同法》赋予劳动者的即时解除劳动合同的权利。

实践中，劳动者在向用人单位提出辞职时，有的递交辞职报告，有的递交辞职信，还有的递交辞职申请，最终的结果大多都是用人单位不批准。导致这种结果的原因就是劳动者递交的书面通知不规范。笔者在第四篇 4 中将有详细论述，这里不再赘述。劳动者在向用人单位递交《解除劳动合同通知书》的同时，还可要求用人单位依法支付工资、加班费，补缴社会保险费并支付经济补偿金，还可要求支付赔偿金。

4. 劳动者在什么情形下可以提前通知用人单位解除劳动合同?

职场案例:

刚毕业的大学生于吉庆于2007年9月到某保健食品有限公司工作，双方签订了两年期限的劳动合同，每月工资2800元。工作了一年半，于吉庆欲跳槽，遂向单位递交了辞职信，同时告知单位，他将于一个月后正式离职。待到一个月期满，他要求公司办理离职手续时，单位却提出劳动合同到期才能终止。于吉庆马上到劳动仲裁委员会申请劳动仲裁，要求裁决单位与他解除劳动合同。

这是一起因劳动者提前通知用人单位解除劳动合同而引发的劳动争议案件。

《劳动法》第31条规定，“劳动者解除劳动合同，应当提前三十日以书面形式通知用人单位。”《劳动合同法》第37条规定，“劳动者提前三十日以书面形式通知用人单位，可以解除劳动合同。”根据上述法律规定，劳动者提前解除劳动合同的条件，就是要提前30日且以书面形式通知用人单位。只要符合这两个法定程序，不需要任何理由，劳动者可以任意行使上述的劳动合同解除权。

值得注意的是，如果劳动者与用人单位签有服务期协议，则提前离职应向用人单位承担违约责任。《劳动合同法》第22条第1款规定，“用人单位为劳动者提供专项培训费用，对其进行专业技术培训的，可以与该劳动者订立协议，约定服务期。”如果约定了服务期，劳动者就应当根据劳动合同的约定，向用人单位支付违约金。如果与用人单位签订有竞业限制协议，劳动者提前离职也应承担违约责任，这些都需要劳动者特别注意。

本案中的于吉庆与用人单位没有约定服务期，故提前一个月以书面形式通知用人单位解除劳动合同符合《劳动合同法》第 37 条的规定，劳动仲裁委员会裁决该用人单位为于吉庆办理解除劳动合同手续。

劳动者一定要注意与单位签订的服务期协议，在解除劳动合同之前应依约履行劳动义务至劳动合同期满为止，否则要承担违约责任。劳动者在行使解除权时必须遵守法定的程序，劳动者在解除劳动合同时，应当遵守解除合同预告期，即提前 30 天以书面形式通知用人单位。除此之外，劳动法对劳动者行使提前解除权没有任何附加条件。实践中常有劳动者提出辞职时，用人单位不批准，如果劳动者坚持要走，用人单位就让劳动者支付违约金的情况发生。《劳动部关于贯彻执行〈中华人民共和国劳动法〉若干问题的意见》(劳部发〔1995〕202 号）第 32 条规定，"按照劳动法第三十一条的规定，劳动者解除劳动合同，应当提前三十日以书面形式通知用人单位。超过三十日，劳动者可以向用人单位提出办理解除劳动合同手续，用人单位予以办理。如果劳动者违法解除劳动合同给原用人单位造成经济损失，应当承担赔偿责任。"《劳动部办公厅关于劳动者解除劳动合同有关问题的复函》(劳办发〔1995〕324 号）规定，"按照《劳动法》第三十一条的规定：'劳动者解除劳动合同，应当提前三十日以书面形式通知用人单位'。劳动者提前三十日以书面形式通知用人单位，既是解除劳动合同的程序，也是解除劳动合同的条件。劳动者提前三十日以书面形式通知用人单位，解除劳动合同，无需征得用人单位的同意。超过三十日，劳动者向用人单位提出办理解除劳动合同的手续，用人单位应予以办理。但由于劳动者违反劳动合同有关约定而给用人单位造成经济损失的，应依据有关法律、法规、规章的规定和劳动合同的约定，由劳动者承担赔偿责任。"在解除劳动合同的问题上，法律赋予了劳动者以较大的自由权利。《劳动合同法》沿用了《劳动法》对劳动者解除劳动合同的 30 日提前通知的规定。该条的含义在于劳动者解除劳动合同时，只要提前 30 日以书面形式通知用人单位即可。《劳动合同法》第 37 条规定，"劳动者提前三十日以书面形式通知用人单位，可以解除劳动合同。”根据该条规定，劳动者在享有解除劳动合同自主权的同时，必须遵守解除合同的预告期，即应当提前30天通知用人单位才能使这一权利生效，也就是说劳动者在书面通知用人单位后还应继续工作30天，这样便于用人单位及时安排人员接替其工作，保持劳动过程的连续性，确保正常的工作秩序，避免因解除劳动合同而影响企业生产经营，给用人单位造成不必要的损失，同时也使劳动者解除劳动合同的行为合法化。如果用人单位阻碍劳动者行使解除劳动合同权利，劳动者可以提起劳动仲裁维权。

5. 劳动者在什么情形下可以随时通知用人单位解除劳动合同?

职场案例:

2009年8月，张立与某培训学校签订了一年期限的劳动合同，但工作了将近4个月，单位一直未发工资，而合同约定每月20日发工资，张立认为企业已违反了劳动法，遂提出与单位解除劳动合同。单位却提出按照法律规定，张立应当提前30天通知用人单位，因此他还得再工作30天。张立想不明白，我都3个多月没拿到工资了，难道还要再继续工作30天吗?

这是一起因用人单位未及时支付劳动报酬而导致劳动者解除劳动合同的案例。

《劳动合同法》第38条第1款规定，“用人单位有下列情形之一的，劳动者可以解除劳动合同:（一）未按照劳动合同的约定提供劳动保护或者劳动条件的;（二）未及时足额支付劳动报酬的;（三）未依法为劳动者缴纳社会保险费的;（四）用人单位的规章制度违反法律、法规的规定，损害劳动者权益的;（五）因本法第二十六条第一款规定的情形致使劳动合同无效的;

（六）法律、行政法规规定劳动者可以解除劳动合同的其他情形。”用人单位存在上述这几种情况时，劳动者不必经过法律程序，可以随时走人。该条规定对于督促用人单位按时足额支付劳动报酬具有重要意义。现实中，拖欠工资报酬的现象比较严重，所以《劳动合同法》规定在这种情况下劳动者可以随时解除劳动合同。

这里需要注意的是，与《劳动合同法》第 37 条规定的“劳动者提前三十日以书面形式通知用人单位，可以解除劳动合同”不同，《劳动合同法》第 38 条规定，劳动者因用人单位违法而解除劳动合同，不需要提前 30 日书面通知用人单位，劳动者只要事先告知用人单位就可以随时解除劳动合同。本案中的用人单位与张立在劳动合同中约定每月 20 日发放工资，但企业却拖欠了 3 个多月未发工资，不但违反了劳动合同的约定，还成就了劳动者随时可以走人的法定条件。如果用人单位与劳动者约定了服务期，劳动者依照《劳动合同法》第 38 条的规定解除劳动合同，此种情况下，劳动者不属于违反服务期的约定，用人单位不得要求劳动者支付违约金。

用人单位存在法定违法情形的，劳动者有权依据《劳动合同法》第 38 条的规定随时解除劳动合同，并可要求用人单位支付经济补偿。

《劳动合同法》的这一规定，是在《劳动法》规定的基础上，又增加了具体内容：

（1）未按照劳动合同约定提供劳动保护或者劳动条件的。

用人单位未按照劳动合同的约定提供劳动条件，劳动环境恶劣，职业危害严重、缺乏必要的劳动保护措施和劳动防护用品，对劳动者生命安全和身体健康存在潜在威胁等情况的，劳动者可以解除劳动合同，而不必征得用人单位同意，用人单位应当按照劳动者付出的劳动支付劳动报酬。

（2）未及时足额支付劳动报酬的。

用人单位和劳动者在订立劳动合同时，一般都会对劳动报酬和劳动条件进行约定，双方当事人应当按照合同的约定，履行各自的义务。如果用人单位没有履行劳动合同的约定，应当视为用人单位违约。在劳动者提供了劳动合同约定的劳动的情况下，如果用人单位采取少付、不付或者延期支付等方式，未按照劳动合同约定支付劳动报酬的，劳动者可以解除劳动合同。

（3）未依法为劳动者缴纳社会保险费的。

为劳动者缴纳社会保险是用人单位应履行的法定义务，如果用人单位不为劳动者缴纳社会保险费，就直接侵害了劳动者的社会保险权利，导致劳动者社会保险关系的中断或不能接续，也为日后的退休养老留下隐患。在这种情况下，为保障自己的社会保险权利，劳动者可以解除与用人单位订立的劳动合同。

（4）用人单位的规章制度违反法律、法规的规定，损害劳动者权益的。

用人单位进行生产经营活动，需要制定内部规章制度，劳动者在工作中，应当遵守这些规章制度。但是，用人单位的规章制度必须依法制定，不得与法律、法规的规定相冲突，更不得通过制定规章制度侵害劳动者的权益。如果用人单位的规章制度违反法律、法规的规定，损害劳动者权益的，劳动者可以解除劳动合同。

劳动报酬是指用人单位依据法律规定和劳动合同约定，根据劳动者工作岗位，劳动技能以及工作数量等直接支付给劳动者的工资报酬。在劳动者已履行劳动义务的情况下，用人单位应按劳动合同约定或法律、法规规定的数额，及时足额支付劳动报酬。用人单位未按照劳动合同约定及时足额支付劳动者劳动报酬的将构成违约，劳动者有权随时告知用人单位解除劳动合同。

6. 劳动者在什么情形下可以不告知用人单位解除劳动合同？

职场案例：

在家待业半年多的任义，在朋友们的介绍下，于2009年5月到某电器有限公司工作，一同应聘的还有其他10多人，他们均与该公司签订了5年期限的劳动合同，每月工资4800元。他们对工资待遇很满意，但该公司的管理方式却与众不同，企业对所有职工进行封闭管理，包括工作在内的所有活动都得在厂区内进行，就连吃饭、休息也不许离开工厂，公司出入大门都有保安把守，不许任何人出去。任义等人对这种强制管理很不适应。又过了几天，任义家里来电话说母亲病重让他回去，任义赶紧跟公司请假，却被管理人员无故刁难。工人们对这种封闭管理提出了整改意见，却被老板指使保安拳脚相加，任义等人感到已无法再继续工作下去，遂提出辞职。但公司负责人却说劳动合同没到期谁也别想走，任义等人被逼无奈打电话报警。

这是一起用人单位采用威胁、暴力手段强迫劳动者劳动并非法限制人身自由的案例。

《劳动合同法》第38条第2款规定，“用人单位以暴力威胁或者非法限制人身自由的手段强迫劳动者劳动的，或者用人单位违章指挥，强令冒险作业危及劳动者人身安全的，劳动者可以立即解除劳动合同，不需事先告知用人单位。”这一规定明确了劳动者不告知用人单位即可解除劳动合同的情形。本条中的“暴力”是指对劳动者实施捆绑、拉拽、殴打、伤害等行为。“威胁”是指对劳动者施以暴力或者其他强迫手段。“非法限制人身自由”是指采用拘留、禁闭或其他强制方法非法剥夺或限制他人按照自己的意志支配自己的身体活动自由的行为。

人身自由是公民各种自由权利当中的一项基本权利，是公民参加社会活动和享受其他权利的先决条件①。

本案中，任义等人完全可以立即解除劳动合同，离开公司，维护自己

① 信春鹰：《中华人民共和国劳动合同法释义》，法律出版社2007年版，第135页。

的合法权益。但由于用人单位实行封闭管理，劳动者已被限制了人身自由，根本无法离开单位。

《劳动合同法》明确了劳动者和用人单位各自的权利义务。劳动者应提高自己的法律意识，认真学习与自己切身利益相关的法律知识。强迫劳动和非法限制人身自由是用人单位违背劳动者意志，使用暴力、威胁等手段迫使劳动者为其提供劳动。非法限制人身自由不仅侵犯劳动者的自由权，也侵犯劳动者的人身权利。《中华人民共和国宪法》（以下简称《宪法》）第37条规定，“中华人民共和国公民的人身自由不受侵犯……禁止非法拘禁和以其他方法非法剥夺或者限制公民的人身自由”。《劳动合同法》第88条第1项规定，用人单位“以暴力、威胁或者非法限制人身自由的手段强迫劳动的”，依法给予行政处罚；构成犯罪的，依法追究刑事责任；给劳动者造成损害的，应当承担赔偿责任。根据《劳动法》第96条之规定，用人单位“（一）以暴力、威胁或者非法限制人身自由的手段强迫劳动的；（二）侮辱、体罚、殴打、非法搜查和拘禁劳动者的”，“由公安机关对责任人员处以十五日以下拘留、罚款或者警告；构成犯罪的，对责任人员依法追究刑事责任。”

《劳动合同法》第38条第1款规定了劳动者在六种情形下可以解除劳动合同，第2款规定了用人单位以暴力、威胁或者非法限制人身自由的手段强迫劳动者劳动的，或者用人单位违章指挥，强令冒险作业，可能会危及劳动者人身安全的，甚至造成伤亡事故的——实践中一再发生的伤亡事故都是用人单位违章指挥或强令冒险作业引起的——对于这种有可能直接危害生命安全的行为，劳动者不仅可以拒绝，还可以立即解除劳动合同，即劳动者想走就可以走，无需事先通知用人单位。这是《劳动合同法》赋予劳动者在特定情况下可以无需通知用人单位而直接走人的权利，但对劳动者已经付出的劳动，用人单位应当向其支付应得的工资报酬。

7. 为什么不得解除在试用期内的劳动者的劳动合同？

职场案例：

某肉类加工有限公司招聘潘桂玉为企业销售总监，并与其签订了3年期限的劳动合同，约定试用期为5个月。工作了近4个月，公司突然提出解除其劳动合同。潘桂玉立即找公司负责人询问理由，但经理却理直气壮地对他说，你现在正在试用期间，不是正式职工，我们随时可以辞退你。潘桂玉对公司的做法实在接受不了，便于2008年9月到劳动仲裁委员会申请仲裁。劳动仲裁在开庭审理中，该公司称潘桂玉没有完成销售任务，但潘桂玉说双方签订的劳动合同中并没有明确具体的录用条件。劳动仲裁最终裁决双方继续履行劳动合同。

本案是用人单位解除试用期职工劳动合同的劳动争议案件。

所谓试用期，是指用人单位和劳动者建立劳动关系后，为相互了解、选择而约定的考核期，试用期适用于初次就业或再次就业时改变工作岗位或工种的劳动者。由于这个期间内劳动者不能完全享受正式职工的待遇，因此很容易发生纠纷。所以，劳动法对于这个期间进行了一些特殊的规定，以保护劳动者的合法权益。

现实中一般认为，劳动者和用人单位在试用期内不需要有任何理由，均有权随时解除劳动合同。但这种理解是错误的。《劳动合同法》第39条规定，“在试用期间被证明不符合录用条件的”，“用人单位可以解除劳动合同”。根据该条规定，用人单位只有在试用期间证明劳动者不符合其录用条件以后，才可以单方解除劳动合同。证明劳动者不符合其录用条件是用人单位在试用期内，随时可以单方与劳动者解除劳动合同的前提条件，但用人单位要想证明你不符合录用条件是很难的。首先用人单位在事先要明确他们的录用条件，如果用人单位没有在招聘广告中或劳动合同中事先规定录用条件，那么就不可能证明你不符合录用条件。即便事先有明确录用条件，单位说你不符合录用条件也必须拿出证据，而这个证据用人单位是很难提供的，因为这需要对你进行严格的、持续的考核。劳动法将用人单位在试用期解除劳动合同的举证责任分配给了用人单位，《最高人民法院关于审理劳动争议案件适用法律若干问题的解释》第13条规定，“因用人单位作出的开除、除名、辞退、解除劳动合同、减少劳动报酬、计算劳动者工作年限等决定而发生的劳动争议，用人单位负举证责任。”

《劳动合同法》第21条规定，“在试用期中，除劳动者有本法第三十九条和第四十条第一项、第二项规定的情形外，用人单位不得解除劳动合同。用人单位在试用期解除劳动合同的，应当向劳动者说明理由。”这一规定对用人单位在试用期内解除劳动者的劳动合同作出了限制性规定。该条规定，试用期内用人单位可解除劳动合同的情形仅限于《劳动合同法》第39条规定的情形之一，即，“（一）在试用期间被证明不符合录用条件的；（二）严重违反用人单位的规章制度的；（三）严重失职，营私舞弊，给用人单位造成重大损害的；（四）劳动者同时与其他用人单位建立劳动关系，对完成本单位的工作任务造成严重影响，或者经用人单位提出，拒不改正的；（五）因本法第二十六条第一款第一项规定的情形致使劳动合同无效的；（六）被依法追究刑事责任的。”《劳动合同法》第40条规定的是“用人单位提前三十日以书面形式通知劳动者本人或者额外支付劳动者一个月工资后，可以解除劳动合同”的情形，即“（一）劳动者患病或者非因工负伤，在规定的医疗期满后不能从事原工作，也不能从事由用人单位另行安排的工作的；（二）劳动者不能胜任工作，经过培训或者调整工作岗位，仍不能胜任工作的；（三）劳动合同订立时所依据的客观情况发生重大变化，致使劳动合同无法履行，经用人单位与劳动者协商，未能就变更劳动合同内容达成协议的。”除上述情形外，用人单位不得在试用期内解除劳动者的劳动合同。如果用人单位在试用期解除劳动合同，除有证据证明劳动者不符合录用条件，还需举证证明劳动者有上述《劳动合同法》第39条和第40条规定的情形。本文开头的潘桂玉，可以要求继续履行劳动合同。如果劳动者不要求继续履行劳动合同或者劳动合同已经不能继续履行的，用人单位应当支付经济补偿，并额外支付1个月工资予以赔偿。

《劳动合同法》针对滥用试用期、试用期过长、试用期工资过低以及试用期内用人单位解除劳动合同等问题作出了有针对性的规定。限定了能够约定试用期的固定期限劳动合同的最短期限，并且在《劳动法》规定试用期最长不得超过6个月的基础上，根据劳动合同期限的长短，将试用期细化。

具体规定是："劳动合同期限三个月以上不满一年的，试用期不得超过一个月；劳动合同期限一年以上不满三年的，试用期不得超过二个月；三年以上固定期限和无固定期限的劳动合同，试用期不得超过六个月。"且"同一用人单位与同一劳动者只能约定一次试用期。"为了遏制用人单位短期用工现象，不是所有劳动合同都可约定试用期。以完成一定工作任务为期限的劳动合同或者劳动合同不满3个月的，不得约定试用期。劳动合同仅约定试用期或者劳动合同期限与试用期相同的，试用期不成立，该期限为劳动合同期限。对于劳动者在试用期间不符合录用条件的，用人单位必须提供有效的证明。如果用人单位没有证据证明劳动者在试用期间不符合录用条件，用人单位就不能解除劳动合同，否则，用人单位需承担因违法解除劳动合同所带来的一切法律后果。

8. 为什么不得解除在本单位患职业病的劳动者的劳动合同？

职场案例：

刘传福自1999年7月开始就在某水泥厂工作，双方签订了为期10年的劳动合同，合同约定，职工如有违反本单位的规章制度的行为，用人单位可以解除劳动合同。2008年4月7日，监督员在包装车间巡视时发现刘传福在岗位上睡觉。公司以其违反了单位的规章制度为由，解除了刘传福的劳动合同，当时刘传福已在两年前被确诊患有尘肺职业病。刘传福找公司领导说，自己最近一段时间总是头晕，实在坚持不住就迷糊了一会儿，再说本人现在患有尘肺职业病，单位不应解除劳动合同。在公司未有回应的情况下，刘传福向劳动监察进行投诉，要求劳动行政执法部门纠正用人单位的违法行为。劳动监察立案受理后，在法定期限内依法查处用人单位，认为刘传福违反用人单位的规章制度未达到《劳动合同法》第39条第2项规定的严重程度，最重要的是用人单位在职工患职业病的情况下解除其劳动合同违反了《职业病防治法》第49条的规定，责令该用人单位撤销解除刘传福劳动合同的决定。

这是一起用人单位违法解除患职业病职工劳动合同的案例。

本案的重要法律问题是，用人单位能否解除患有职业病职工的劳动合同。首先，用人单位解除劳动合同不应违反法律法规的强制性规定，强制性的法律规定具有普遍的约束力，任何组织和个人的行为均不得违反法律的强制性规定。即使单位的内部规章制度有效，只要劳动者具备法律规定的不应解除劳动合同的情形，用人单位解除劳动合同的行为就属于违法行为。《劳动合同法》第42条第2项对用人单位不得解除劳动者劳动合同的情形作了规定，“在本单位患职业病或者因工负伤并被确认丧失或者部分丧失劳动能力的”。

职业病是指劳动者在工作过程中受职业危害因素的影响而导致的疾病。因工负伤是指劳动者在工作过程中身体受到伤害。劳动者患职业病或因工负伤，达到一定程度，即被确认丧失或者部分丧失劳动能力时，用人单位不得解除劳动合同。

《中华人民共和国职业病防治法》(以下简称《职业病防治法》)第49条规定,“医疗卫生机构发现疑似职业病病人时,应当告知劳动者本人并及时通知用人单位。用人单位应当及时安排对疑似职业病病人进行诊断,在疑似职业病病人诊断或者医学观察期间,不得解除或者终止与其订立的劳动合同。”

本案中的刘传福是被确诊为尘肺职业病的患者,而尘肺病是一种法定的职业病,根据《劳动法》第29条的规定,“患职业病或者因工负伤并被确认丧失或者部分丧失劳动能力的”,“用人单位不得依据本法第二十六条、第二十七条的规定解除劳动合同。”

职工在本单位患职业病或者因工负伤并被确认丧失或者部分丧失劳动能力的,劳动合同到期也不得终止。

《劳动合同法》第45条规定,“劳动合同期满,有本法第四十二条规定情形之一的,劳动合同应当续延至相应的情形消失时终止。但是,本法第四十二条第二项规定丧失或者部分丧失劳动能力劳动者的劳动合同的终止,按照国家有关工伤保险的规定执行。”《工伤保险条例》(已被修改)第33条规定,“职工因工致残被鉴定为一级至四级伤残的,保留劳动关系,退出工作岗位”。该条规定的一级至四级伤残属于完全丧失劳动能力的情形,用人单位不得解除与劳动者的劳动关系,并不得终止劳动合同,应为劳动者保留劳动关系,退出工作岗位。该文件第34条第1款和第2项规定,“职工因工致残被鉴定为五级、六级伤残的……保留与用人单位的劳动关系,由用人单位安排适当工作。难以安排工作的,由用人单位按月发给伤残津贴……并由用人单位按照规定为其缴纳应缴纳的各项社会保险费。经工伤职工本人提出,该职工可以与用人单位解除或者终止劳动关系,由用人单位支付一次性工伤医疗补助金和伤残就业补助金。”但用人单位不得提出解除或者终止劳动关系。该文件第35条第1款和第2项规定,“职工因工致残被鉴定为七级至十级伤残的”,“劳动合同期满终止,或者职工本人提出解除劳动合同的，由用人单位支付一次性工伤医疗补助金和伤残就业补助金。”七级至十级伤残的，劳动者可以提出解除或者终止劳动关系，用人单位不得提出解除劳动关系，但劳动合同期满，用人单位可以终止劳动合同。

《劳动合同法》第 42 条第 2 项规定，“在本单位患职业病或者因工负伤并被确认丧失或者部分丧失劳动能力的”，“用人单位不得依照本法第四十条、第四十一条的规定解除劳动合同。”这表示，用人单位不得以非过错性辞退和经济性裁员的方式解除与这类员工的劳动合同。由于劳动者在丧失或部分丧失劳动能力后，很难再就业，于是为了保障劳动者的基本生活需要，《劳动合同法》规定出现这种情况，用人单位不得将其作为经济性裁员的被裁减人员裁掉。劳动者因工负伤并被鉴定为丧失或者部分丧失劳动能力的情形，还符合《劳动合同法》规定的不得裁员的情况，用人单位如对这类职工给予裁员也是不合法的，劳动者有权要求继续履行劳动合同。

根据《职业病防治法》第 50 条之规定，“职业病病人依法享受国家规定的职业病待遇。用人单位应当按照国家有关规定，安排职业病病人进行治疗，康复和定期检查。用人单位对不适宜继续从事原工作的职业病病人，应当调离原岗位，并妥善安置。用人单位对从事接触职业病危害的作业的劳动者，应当给予适当岗位津贴。”如果患有职业病的职工留有残疾，影响劳动能力的，应进行劳动能力鉴定，并根据鉴定结果安排适合其本人职业技能的工作。由于职业病或因工负伤并被确认丧失或者部分丧失劳动能力的劳动者是在本单位工作时患上的职业病或因工负伤，用人单位应当为此承担相应的责任。法律明确规定，用人单位不得解除本单位患职业病或者因工负伤并被确认丧失或者部分丧失劳动能力劳动者的劳动合同。

9. 为什么不得解除在医疗期内的劳动者的劳动合同?

职场案例:

2003年10月，于喜功被某服装有限公司招聘为促销员，第二次签订劳动合同的期限至2010年12月。2008年11月，于喜功因患急性肝炎住院治疗，2009年3月病愈回单位上班时，公司告知其已被解除劳动合同。单位给出的理由是，“因你连续病休5个月未能上班，你的工作岗位已另招他人，现已没有岗位了。”于喜功提出，自己还在医疗期内，单位不应解除劳动合同，但公司却拒绝了他的解释，于喜功无奈向劳动争议仲裁委员会申请仲裁。请求裁决撤销用人单位解除本人劳动合同的决定，恢复双方的劳动关系。

这是一起因用人单位在医疗期内解除职工劳动合同引起的纠纷。

首先明确，在规定的医疗期内，职工患病，企业解除劳动合同的行为违法。劳动法所指的医疗期，是指企业职工因患病或非因工负伤停止工作、治疗休息而单位不得解除劳动合同的时限。劳动者患病或非因工负伤，需要停止工作、治疗休息的，用人单位应根据劳动者实际参加工作的年限给予一定的医疗期。享受国家规定的医疗保险待遇，这是劳动者的基本权利。《劳动法》第29条规定，劳动者患病或者负伤，在规定的医疗期内的，用人单位不得解除劳动合同。这一规定是保证劳动者治病休息的需要，在此期限内，劳动者身体还未康复，难以寻找新的工作，用人单位如果解除劳动合同，可能会影响劳动者的身体健康和生活状况。根据原劳动部《关于贯彻执行〈中华人民共和国劳动法〉若干问题的意见》第76条之规定，“依据劳动部《企业职工患病或非因工负伤医疗期的规定》(劳部发〔1994〕479号)和劳动部《关于贯彻〈企业职工患病或非因工负伤医疗期的规定〉

的通知》(劳部发〔1995〕236号),职工患病或非因工负伤,根据本人实际参加工作的年限和本企业工作年限长短,享受3—24个月的医疗期。对于某些患特殊疾病(如癌症、精神病、瘫痪等)的职工,在24个月内尚不能痊愈的,经企业和当地劳动部门批准,可以适当延长医疗期。"《劳动合同法》第42条规定,"患病或者非因工负伤,在规定的医疗期内的","用人单位不得依照本法第四十条、第四十一条的规定解除劳动合同"。劳动者在医疗期内患病的,如果医疗期跨越劳动合同的,用人单位不得解除劳动合同。应将劳动合同续延至相应的情形消失时终止。如果用人单位违反本条规定强行解除劳动合同的,应向劳动者支付赔偿金。《劳动合同法》第48条规定,"用人单位违反本法规定解除或者终止劳动合同,劳动者要求继续履行劳动合同的,用人单位应当继续履行;劳动者不要求继续履行劳动合同或者劳动合同已经不能继续履行的,用人单位应当依照本法第八十七条规定支付赔偿金。"《劳动合同法》第87条规定,"用人单位违反本法规定解除或者终止劳动合同的,应当依照本法第四十七条规定的经济补偿标准的二倍向劳动者支付赔偿金。"如果劳动者要求继续履行劳动合同的,用人单位应当继续履行,用人单位不同意继续履行的,劳动者可以申请劳动仲裁或向人民法院起诉,由劳动仲裁部门或人民法院裁判双方继续履行劳动合同。

《企业职工患病或非因工负伤医疗期规定》(劳部发〔1994〕479号)第3条规定,"企业职工因患病或非因工负伤,需要停止工作医疗时,根据本人实际参加工作年限和本单位工作年限,给予三个月到二十四个月的医疗期:(一)实际工作年限十年以下的,在本单位工作年限五年以下的为三个月;五年以上的为六个月。(二)实际工作年限十年以上的,在本单位工作五年以下的为六个月;五年以上十年以下的为九个月;十年以上十五年以下的为十二个月;十五年以上二十年以下的为十八个月;二十年以上的为二十四个月。"该文件第4条规定,"医疗期三个月的按六个月内累计病休时间计算;六个月的按十二个月内累计病休时间计算;九个月的按十五个月内累计病休时间计算；十二个月的按十八个月内累计病休时间计算；十八个月的按二十四个月内累计病休时间计算；二十四个月的按三十个月内累计病休时间计算。”劳动者患病或者非因工负伤，除有权享受医疗期待遇外，还有权要求用人单位在规定的医疗期内支付病假工资，并不得解除劳动合同。本案中的用人单位在于喜功病休医疗期内，为了不影响工作，找人顶替他的岗位是必要的，但在他医疗期未满的情况下，以“没有工作岗位可以提供给他”作为理由解除其劳动合同是违法的。于喜功申请劳动仲裁委员会撤销该公司作出的与其解除劳动合同的决定、恢复双方的劳动合同关系的要求合理合法，劳动仲裁依法支持了于喜功的仲裁请求，裁决双方继续履行劳动合同。

10. 为什么不得解除孕期、产期、哺乳期女职工的劳动合同？

职场案例：

李素荣于2011年8月被某咨询有限公司招聘为前台行政兼客户销售，2012年3月李素荣发现自己怀孕已有4个多月。但在正常工作不到一个月时，李素荣接到了单位解除其劳动合同的通知书。询问解除合同理由，单位说系因你怀孕影响工作。李素荣气愤不已，遂于2012年4月30日向劳动仲裁委员会申请仲裁，仲裁庭认为，妇女生育是法律赋予妇女的基本权利，任何单位不得因妇女怀孕、休产假、哺乳等原因单方解除与女职工的劳动合同。劳动仲裁委员会裁决双方继续履行劳动合同。

这是一起因用人单位解除在三期内女职工的劳动合同而引发的劳动争议案件。

女职工在孕期、产期和哺乳期间被用人单位解除劳动合同的现象经常出现。但劳动法规定，女职工处于孕期、产期、哺乳期的，享受特殊的劳动保护。《劳动合同法》第42条规定，“女职工在孕期、产期、哺乳期的”，“用人单位不得依照本法第四十条、第四十一条的规定解除劳动合同”。不得在女职工孕期、产期、哺乳期解除劳动合同，主要是指企业不得以女职工怀孕、生育和哺乳为由解除劳动合同。根据《女职工劳动保护特别规定》（中华人民共和国国务院令第619号）第7条之规定，“女职工生育享受98天产假，其中产前可以休假15天；难产的，增加产假15天；生育多胞胎的，每多生育1个婴儿，增加产假15天。女职工怀孕未满4个月流产的，享受15天产假；怀孕满4个月流产的，享受42天产假。”由此可见，产假假期长短与是否难产、是否多胞胎直接挂钩。另外需要强调一点，怀孕后流产的女职工，也依法享受一定天数的产假。《劳动合同法》第42条规定，“女职工在孕期、产期、哺乳期的”，“用人单位不得依照本法第四十条、第四十一条的规定解除劳动合同。”根据该条规定，用人单位不得以女职工怀孕、产假、哺乳等为由解除劳动合同，即解除劳动合同的理由不得是怀孕、休产假、哺乳。用人单位还不得在女职工的孕期、产期、哺乳期内以女职工不能胜任工作、客观情况发生重大变化，或经济性裁员为由而解除劳动合同。《妇女权益保障法》第27条第1款也规定，“任何单位不得因结婚、怀孕、产假、哺乳等情形，降低女职工的工资，辞退女职工，单方解除劳动（聘用）合同或者服务协议。但是，女职工要求终止劳动（聘用）合同或者协议的除外。”上述诸多法律法规对处于三期内的女职工给予特殊保护。本案中的用人单位在李素荣怀孕5个多月时仅以怀孕为由辞退李素荣的行为是违法的，故劳动仲裁裁决双方继续履行劳动合同，符合法律规定。

还有一种情况请劳动者注意，根据《劳动合同法》第42条和第45条的规定，“劳动合同期满，有本法第四十二条规定情形之一的，劳动合同应续延至相应的情形消失时终止。”也就是说，劳动合同到期之日，女职工正处于三期内的，用人单位应将双方的劳动合同予以顺延。《劳动合同法》在规定劳动合同终止的法定情形的同时，也明确了合同终止的限制性规定。如果用人单位违反《劳动合同法》第42条之规定，在禁止解除劳动合同的情形下强行解除劳动合同，或违反《劳动合同法》第45条之规定，在劳动合同须顺延的情形下强行终止劳动合同的，应当按照《劳动合同法》第48条之规定处理，“用人单位违反本法规定解除或者终止劳动合同，劳动者要求继续履行劳动合同的，用人单位应当继续履行；劳动者不要求继续履行劳动合同或者劳动合同已经不能继续履行的，用人单位应当依照本法第八十七条规定支付赔偿金。”《劳动合同法》第87条规定，“用人单位违反本法规定解除或者终止劳动合同的，应当依照本法第四十七条规定的经济补偿标准的二倍向劳动者支付赔偿金。”劳动者如果要求继续履行劳动合同的，用人单位应当继续履行，用人单位不同意继续履行的，劳动者可以申请劳动仲裁，由劳动仲裁部门裁决双方继续履行，并且用人单位需向劳动者补发劳动合同被解除之日至劳动关系恢复之日的工资损失。如劳动者不要求继续履行劳动合同或者劳动合同已经不能继续履行的，用人单位应向劳动者支付赔偿金，赔偿金标准为经济补偿标准的两倍。

根据相关法律的规定，对在三期内的女职工的特殊保护具体有以下几点。一是用人单位不得依据《劳动合同法》第40条规定的无过失性辞退和第41条规定的经济性裁员与三期内女职工解除劳动合同。二是女职工处于三期内，劳动合同到期的，劳动合同不得终止，应当顺延至哺乳期结束时方可终止。三是怀孕女职工在工作时间内进行产前检查所需的时间计入工作时间。四是女职工在孕期不能从事原工作的，用人单位应当根据医疗机构的证明减轻劳动或者安排其他其能够适应的工作。五是对怀孕7个月以上的女职工，用人单位不得延长工作时间或者安排夜班工作，并应当在工作时间内安排一定的休息时间。六是用人单位不得降低其工资待遇。

《女职工劳动保护特别规定》第 14 条规定，“用人单位违反本规定，侵害女职工合法权益的，女职工可以依法投诉、举报、申诉，依法向劳动人事争议调解仲裁机构申请调解仲裁，对仲裁裁决不服的，依法向人民法院提起诉讼。”

11. 为什么不得解除连续工作满 15 年的劳动者的劳动合同？

职场案例：

朱广英于 1994 年就进入某汽车修配厂工作，到 2009 年 6 月，已在该单位工作超过了 15 年，再有不到 4 年就达到法定退休年龄了。这天下午 3 点多钟，朱广英突然感到腹部疼痛难忍，他马上到医院去看急诊，急忙中忘记请假就离开了单位。第二天上班后，就收到了用人单位解除劳动合同通知书，朱广英感到无法接受，就到劳动争议仲裁委员会申请仲裁。劳动仲裁最终裁决双方继续履行劳动合同。

这是一起因用人单位违法解除职工的劳动合同而引起的劳动争议案件。《劳动合同法》第 42 条规定，“在本单位连续工作满十五年，且距法定退休年龄不足五年的”，“用人单位不得依照本法第四十条、第四十一条的规定解除劳动合同”。这是《劳动合同法》规定的解除合同限制条款，其目的是保护老职工的利益。考虑到老职工年龄较大、工作时间较长、体力下降、体弱多病，且对企业贡献较大、再就业能力较低等情况，国家特别关注这部分弱势群体。因此，劳动合同法对老职工予以特别保护，包括规定用人单位初次实行劳动合同制度或者国有企业改制重新订立劳动合同时，劳动者在该用人单位连续工作满10年且距法定退休年龄不足10年的，应订立无固定期限劳动合同，目的就是保护老职工的合法权益。因为这些老职工很容易成为因不能胜任工作或在医疗期内被解除劳动合同的对象，为了避免大量老职工失业、增加社会负担，劳动合同法作出如此规定来保护这些老职工。对在本单位连续工作满15年，且距法定退休年龄不足5年的老职工，用人单位也不得对其予以非过失性劳动合同解除。

《劳动合同法》第45条规定，“劳动合同期满，有本法第四十二条规定情形之一的，劳动合同应当续延至相应的情形消失时终止。”《劳动合同法》的重要宗旨之一是保护劳动者的合法权益，对于一些处于特殊困难阶段或者有特殊贡献的劳动者，《劳动合同法》给予了相应的特殊保护，《劳动合同法》第42条规定在五种情形下的劳动者，用人单位不得解除劳动合同。如果劳动者有符合《劳动合同法》第42条规定的五种情形的，劳动合同期满时，用人单位能否终止？本案对此作出了基本否定的回答，要求必须将劳动合同延续至相应情形消失时才能终止。在本单位连续工作满15年且距法定退休年龄不足5年的，如果劳动合同期满，由于这种工作年限的情况不可能消失，因此不能终止劳动合同[①]。

《劳动和社会保障部关于制止和纠正违反国家规定办理企业职工提前退休有关问题的通知》规定，“国家法定的企业职工退休年龄是，男年满60周岁，女工人年满50周岁，女干部年满55周岁。从事井下、高空、高温、特别繁重体力劳动或其他有害身体健康工作（以下称特殊工种）的，退休年龄为男年满55周岁、女年满45周岁；因病或非因工致残，由医院证明并经劳动鉴定委员会确认完全丧失劳动能力的，退休年龄为男年满55周岁，女年满45周岁。”

劳动者在本单位工作满15年，且距法定退休年龄不足5年的，说明劳

---

① 信春鹰：《中华人民共和国劳动合同法释义》，法律出版社2007年版，第171页。

动者已经为该用人单位作出较大贡献，如果允许用人单位解除他们的劳动合同，他们再就业的可能性极低，容易形成社会问题。法律明确规定用人单位不得解除这些劳动者的劳动合同，既是照顾这些劳动者的实际生活情况，也是减少社会的压力，同时也是对用人单位应当为他们的付出和贡献给予的肯定。需要强调的是，在本单位连续工作满 15 年，且距法定退休年龄不足 5 年的职工，即使具备了非过失性解除和经济性裁员的条件，用人单位也不得与其解除劳动合同。本案中的劳动仲裁正是考虑朱广英的过错尚未达到某种严重程度，而是因为患病，且符合无过失性情形，所以裁决继续履行劳动合同。还有一点要注意，在本单位连续工作满 15 年，距法定退休年龄不足 5 年，用人单位不得解除劳动合同的情形是，劳动者必须同时满足以上两个条件。

12. 为什么不得解除未进行离岗前职业健康检查的劳动者的劳动合同？

职场案例：

2008 年 11 月，姜春生被某鞋业有限公司招收为合同制工人，双方签订了 5 年期的劳动合同。姜春生在该公司主要从事皮鞋黏合作业，由于在工作中长时间接触含苯物质，在工作了半年多时间后，渐渐感觉身体不适。姜春生怀疑自己可能是苯中毒，于是要求单位为职工安排健康检查，但公司以生产任务重、订单多为由，一直拖延不为他们安排体检。姜春生无奈到劳动监察部门进行投诉。

这是一起因职工疑似患有职业病而引起的劳动行政投诉案件。

为了特别保护受到职业病威胁的劳动者以及职业病人，《劳动法》第

54 条明确规定，“用人单位必须为劳动者提供符合国家规定的劳动安全卫生条件和必要的劳动防护用品，对从事有职业危害作业的劳动者应当定期进行健康检查。”要想预防或者避免患上职业病，劳动者首先要了解什么是职业病，《职业病防治法》第 2 条规定，“本法所称职业病，是指企业、事业单位和个体经济组织等用人单位的劳动者在职业活动中，因接触粉尘、放射性物质和其他有毒、有害因素而引起的疾病。”法定的职业病主要有职业性尘肺病及其他呼吸系统疾病、职业性皮肤病、职业性眼病、职业性耳鼻喉口腔疾病、职业性化学中毒、物理因素所致职业病、职业性放射性疾病、职业性传染病、职业性肿瘤、其他职业病 10 大类 132 种，详见《职业病分类和目录》。如果用人单位的工作环境中存在有毒、有害物质，那么用人单位不仅应当为劳动者提供完备的劳动卫生保护用品，还应当定期安排职工进行身体检查，以保证他们的健康。《职业病防治法》第 35 条规定，“对从事接触职业病危害的作业的劳动者，用人单位应当按照国务院卫生行政部门的规定组织上岗前、在岗期间和离岗时的职业健康检查，并将检查结果如实告知劳动者。职业健康检查费用由用人单位承担。用人单位不得安排未经上岗前职业健康检查的劳动者从事接触职业病危害的作业；不得安排有职业禁忌的劳动者从事其所禁忌的作业；对在职业健康检查中发现有与所从事的职业相关的健康损害的劳动者，应当调离原工作岗位，并妥善安置；对未进行离岗前职业健康检查的劳动者不得解除或者终止与其订立的劳动合同。”因此，用人单位为从事有职业危害作业的劳动者安排定期健康检查是一项法定义务。

本案中的姜春生有权要求用人单位为职工安排健康检查。用人单位还应当在劳动者从事职业病危害的作业前，按规定进行上岗前的职业健康体检，并建立劳动者职业健康档案。本案中的用人单位在与姜春生建立劳动关系时，没有为他安排体检实属违法。劳动者在从事职业病危害的作业岗位期间，应定期进行职业健康检查，通过定期的职业健康检查，及早发现职业病危害。劳动者离开职业病危害的作业岗位时，也应进行离岗前的职业健康体检，对未进行离岗前职业健康检查的劳动者，用人单位不得解除或者终止与其订立的劳动合同。劳动者如果怀疑自己得了职业病，可以向用人单位所在地、本人户籍所在地或经常居住地依法承担职业病诊断的医疗卫生机构申请职业病诊断。用人单位应当如实提供职业病诊断、鉴定所需的劳动者职业史和职业病危害接触史、工作场所职业病危害因素检测结果等资料，卫生行政部门应当监督检查和督促用人单位提供上述资料，劳动者和有关机构也应当提供与职业病诊断、鉴定的有关资料。职业病诊断、鉴定过程中，用人单位不提供工作场所职业病危害因素检测结果等资料的，诊断鉴定机构应当结合劳动者的临床表现，辅以检查结果和劳动者的职业史、职业病危害接触史，并参考劳动者的自述、职业卫生监督管理部门提供的日常监督检查信息等，作出职业病诊断、鉴定结论。劳动者如对用人单位提供的工作场所职业病危害因素检测结果等资料有异议，或者因劳动者的用人单位破产、解散、无用人单位提供上述资料的，诊断鉴定机构应当提请卫生行政部门进行调查。

《职业病防治法》第 55 条规定，“医疗卫生机构发现疑似职业病病人时，应当告知劳动者本人并及时通知用人单位。用人单位应当及时安排对疑似职业病病人进行诊断，在疑似职业病病人诊断或者医学观察期间，不得解除或者终止与其订立的劳动合同。”所谓疑似职业病的情况主要表现为，劳动者所患疾病或健康损害与其所接触的职业病危害因素的关系不能排除，或在同一工作环境中，同时或在短期内发生多例健康损害表现相同或病理相似，且病因又不明确，其他劳动者再现相似健康损害表现的，都可视为疑似职业病病人。医疗卫生机构发现疑似职业病病人时，应及时告知劳动者本人及用人单位，不得拖延，以保证疑似职业病病人能够得到及时治疗。对需要复查和医学观察的劳动者，应当按照体检机构要求的时间，安排其复查。

《劳动合同法》第42条规定，“从事接触职业病危害作业的劳动者未进行离岗前职业健康检查，或者疑似职业病病人的诊断或者医学观察期间的”，“用人单位不得依照本法第四十条、第四十一条的规定解除劳动合同”。《劳动合同法》进一步明确了对从事接触职业病危害作业的劳动者，未进行离岗前职业健康检查之前，或者疑似职业病病人在诊断或者医学观察期间的，用人单位不得与其解除劳动合同。本案中的姜春生如果怀疑自己身患职业病，应当及时到当地卫生部门批准的职业病诊断机构进行职业病诊断，职业病诊断和鉴定按照《职业病诊断与鉴定管理办法》执行。如果诊断为职业病，劳动者可到当地劳动保障部门申请伤残等级鉴定，同时告知用人单位，依法享受职业病治疗、康复以及赔偿等待遇。如果用人单位拒不履行赔偿义务，劳动者可以到劳动保障部门进行投诉，也可以向人民法院提起诉讼。

第二篇

劳动合同解除与经济补偿支付

解除劳动合同的双方必须是法律意义上的用人单位和劳动者。

用人单位是指符合法律规定、具有用工主体资格的单位，包括企业、个体经济组织、民办非企业单位、国家机关、事业单位和社会团体。劳动合同的解除与用人单位和劳动者的权利最为相关，大多数的劳动争议纠纷都是由劳动合同解除而引发的。现实中，许多用人单位片面强调用人自主权，随意解除与劳动者的劳动合同，因此引发劳动合同纠纷。

符合法定主体资格的劳动者，首要的条件是必须达到法定年龄（16 周岁至 60 周岁）；应是具有劳动能力，并实际在用人单位的管理下从事劳动且获取劳动报酬的自然人。在劳动关系中，用人单位为劳动者提供劳动保护和劳动条件、支付劳动报酬、缴纳社会保险，并且对劳动者进行劳动管理。根据规定，用人单位与劳动者协商一致，可以解除劳动合同。因用人单位违法在先而迫使劳动者提出解除劳动合同的，劳动者可以获得经济补偿，还可以获得赔偿金和违约金。

1. 用人单位不给职工安排工作，劳动者解除劳动合同能否获得经济补偿金？

职场案例：

潘淑平毕业后一直未找到适合自己的工作，2009年4月，在网上被中日合资企业某置业有限公司物业招聘为日语翻译。潘淑平的本科日语翻译能力非常好，个人简历投递3天后即被录取，合同约定潘淑平从事日语翻译，双方约定试用期3个月，并签订了1年期的劳动合同。但潘淑平上班以后，公司一直让她做些接听咨询电话等与其本人专业无关的事情。为此，潘淑平多次要求单位给她安排翻译工作，但领导表示待试用期过后才能安排。3个月试用期满后，公司还是没有安排相关工作，潘淑平再次找领导交涉，但公司没有任何动作。潘淑平随即提出辞职，结果公司不予批准，并表示如果执意要走，必须按合同约定承担赔偿责任。潘淑平决定向劳动争议仲裁委员会申请仲裁。劳动仲裁经审理认为，公司不批准潘淑平辞职没有法律依据，遂裁决自潘淑平提出辞职申请之日起，双方解除劳动关系。

这是一起因用人单位不给职工安排工作而引发的劳动合同争议案件。

现实中经常出现一些用人单位为了达到逼迫劳动者主动提出辞职、避免支付经济补偿的目的，不安排劳动者上岗工作的现象。待岗期间，只给劳动者基本生活费而不支付工资，如果劳动者主动提出解除劳动合同便拿不到经济补偿，如果坚持不辞职，就会被无限期待岗甚至“放长假”。劳动者根本无法维持基本生活条件，严重损害劳动者的合法权益。《劳动合同法》

第38条规定，用人单位“未按照劳动合同约定提供劳动保护或者劳动条件的”，“劳动者可以解除劳动合同”。上述用人单位虽然没有安排劳动者在恶劣条件下或在存在安全隐患的工作环境条件下工作，也没给劳动者的安全带来威胁，但这种随意甚至是强行不给劳动者“安排工作”的行为，已经剥夺了劳动者的劳动权，该行为可视为用人单位未向劳动者提供劳动条件，或者提供给劳动者的工作环境与劳动合同约定的内容不一致。劳动保护和劳动条件是指在劳动合同中约定的用人单位对劳动者所从事的劳动必须提供的生产、工作条件和劳动安全卫生保护措施，即用人单位在保证劳动者完成劳动任务和劳动过程中安全健康保护的基本要求。《劳动法》规定，劳动保护和劳动条件是必备条款，即提供劳动保护和劳动条件是用人单位应尽的义务，如果用人单位未按照国家规定的标准或劳动合同约定提供劳动条件，劳动者可以提出解除劳动合同，并要求用人单位支付经济补偿金。《劳动合同法》第46条规定，“劳动者依照本法第三十八条规定解除劳动合同的”，“用人单位应当向劳动者支付经济补偿”。用人单位不为劳动者安排工作，实际上等于不为劳动者提供劳动条件，劳动者据此被迫提出解除劳动合同的，用人单位应当依法支付经济补偿金，给劳动者造成损害的，还须承担赔偿责任。《劳动合同法》第47条规定，“经济补偿按劳动者在本单位工作的年限，每满一年支付一个月工资的标准向劳动者支付。”该条规定的经济补偿的月工资按照劳动者应得工资计算，包括计时工资、计件工资、奖金、津贴和补贴等货币性收入。根据原劳动部《违反〈劳动法〉有关劳动合同规定的赔偿办法》（劳部发〔1995〕233号）第3条第1项的规定，“造成劳动者工资收入损失的，按劳动者本人应得工资收入支付给劳动者，并加付应得工资收入25%的赔偿费用”。本案中，按照合同约定，潘淑平负责日语笔译工作，但她实际做的却是接听电话咨询工作，几乎整天无所事事，潘淑平多次找公司交涉均未予调整，单位的行为违反了劳动合同的约定，符合《劳动合同法》规定的未按照劳动合同约定提供劳动条件的情形。

按照《劳动合同法》第38条之规定，潘淑平随时可以解除劳动合同且可获得经济补偿金。如果劳动者遭遇此种情形，可以向劳动行政部门投诉。也可以提出解除劳动合同，同时向用人单位主张经济补偿以及赔偿金。

2. 用人单位无故拖欠或者克扣工资，劳动者解除劳动合同能否获得经济补偿金?

职场案例:

2008年8月，曲桂娥经人介绍到某汽车美容有限公司工作，双方在合同中约定每月工资1500元，每月10日发放上个月工资。但在实际工作中，该公司每个月都拖延好几天才向职工支付工资，曲桂娥对公司拖延发放工资的行为非常不满，多次找领导要求公司按时足额发放工资，但公司一直未按合同约定支付劳动报酬。2009年1月22日，上月工资还未打到银行账户，曲桂娥再也无法忍耐，便到劳动仲裁委员会提起劳动仲裁，要求仲裁机构裁决用人单位按时足额支付工资并支付经济补偿金，同时解除双方签订的劳动合同。劳动争议仲裁委员会经审理认为，汽车美容公司多次未及时支付曲桂娥的工资，违反了《劳动合同法》第38条的规定，曲桂娥有权解除劳动合同。劳动仲裁机构裁决汽车美容公司与曲桂娥解除劳动合同，并支付工资和经济补偿金2250元。

这是一起因用人单位未及时支付劳动报酬而导致劳动者解除劳动合同的案例。

为了保护劳动者的利益，劳动合同法规定，允许劳动者因用人单位存在违法情况而随时解除劳动合同。

劳动报酬是劳动者的基本生活来源，用人单位本应依法按月足额支付。

但在实践中，有些用人单位出于自身利益，为达到减少风险或节约成本等目的，变相克扣或拖欠劳动者工资，侵害劳动者的合法权益。《劳动法》第50条规定，“工资应当以货币形式按月支付给劳动者本人。不得克扣或者无故拖欠劳动者的工资。”《劳动合同法》第30条规定，“用人单位应当按照劳动合同约定和国家规定，向劳动者及时足额支付劳动报酬。用人单位拖欠或者未足额支付劳动报酬的，劳动者可以依法向当地人民法院申请支付令，人民法院应当依法发出支付令。”法律对劳动者获得劳动报酬的权利予以保护，但由于用人单位对劳动者拥有相对强势的用人决定权，从而导致单位拖欠或克扣职工工资的情形屡见不鲜。根据《劳动合同法》的规定，用人单位克扣或拖欠劳动者工资的，将要承担法律责任。

用人单位对履行了劳动合同规定的义务和责任、保质保量完成生产工作任务的劳动者，应当足额支付劳动报酬，劳动者的工资获得权和使用权受法律的保护。工资不得随意扣除，企业不得将扣发工资作为处理职工的一种处罚性手段。不支付或者未足额支付劳动报酬的，构成《劳动法》规定的“克扣”劳动者工资的行为，是依照有关法律法规应受处罚的行为。根据《劳动合同法》第38条的规定，用人单位“未及时足额支付劳动报酬的”，“劳动者可以解除劳动合同”。根据《劳动合同法》第85条的规定，用人单位未按照劳动合同的约定或者国家规定及时足额支付劳动者工资的，劳动行政部门可以责令其支付，逾期未支付的，责令用人单位按照应付金额的50%以上100%以下的标准向劳动者支付赔偿金。①

《劳动合同法》第38条规定，用人单位“未及时足额支付劳动报酬的”，“劳动者可以解除劳动合同”。劳动者不需要提前30天书面通知用人单位，只要事先告知用人单位就可随时解除劳动合同。根据《劳动合同法》第46

① 信春鹰:《中华人民共和国劳动合同法释义》，法律出版社2007年版，第103页。

条的规定，用人单位未及时足额支付劳动报酬的，劳动者解除劳动合同，用人单位应当向劳动者支付经济补偿。按照原劳动部颁布的《违反和解除劳动合同的经济补偿办法》（现已失效）第3条的规定，“用人单位克扣或者无故拖欠劳动者工资的，以及拒不支付劳动者延长工作时间工资报酬的，除在规定的时间内全额支付劳动者的工资报酬外，还需加发相当于工资报酬百分之二十五的经济补偿金。”这是对于用人单位不依法支付劳动报酬作出的惩罚性规定，也是用人单位对被拖欠工资职工的补偿。《最高人民法院关于审理劳动争议案件适用法律若干问题的解释》第15条规定，用人单位“克扣或者无故拖欠劳动者工资的”，“迫使劳动者提出解除劳动合同的，用人单位应当支付劳动者的劳动报酬和经济补偿，并可支付赔偿金”。用人单位存在法定违法情形的，劳动者有权依据《劳动合同法》第38条的规定随时解除劳动合同，并可要求用人单位支付经济补偿，即使劳动合同约定了服务期，劳动者仍可以因用人单位违法在先而随时解除劳动合同。此行为不能视为违反服务期的约定，用人单位无权要求劳动者支付违约金。

《劳动合同法》第85条规定，用人单位“未按照劳动合同的约定或者国家规定及时足额支付劳动者劳动报酬的”，“由劳动行政部门责令限期支付劳动报酬、加班费或者经济补偿”。

3. 用人单位不为职工缴纳社会保险费，劳动者解除劳动合同能否获得经济补偿金？

职场案例：

侯祯发于2007年11月应聘到某电器有限公司从事灯具销售工作，双方签订了劳动合同并约定工资每月1200元。工作了4个多月，单位一直未为其办理各项社会保险，侯祯发找到公司说，如果公司不依法缴纳社会保险，自己便决定辞职。公司领导说单位正在为职工办理缴费手续，先不要辞职。又等了一个多月，还是没有动静，侯祯发当场提出辞职，并提交了解除劳动合同通知书，要求公司立即为其结算工资并补缴社会保险费。又过了3天，公司还没有反应，侯祯发遂向劳动争议仲裁委员会申请仲裁，要求解除双方签订的劳动合同，同时要求单位为其补缴2007年11月至2008年4月的社会保险费和一个月工资及经济补偿1800元。劳动仲裁经审理，支持了侯祯发的全部仲裁请求。

这是一个因用人单位没有依法为劳动者缴纳社会保险，劳动者解除劳动合同的案例。

社会保险是指国家对劳动者在患病、伤残、失业、工伤、年老以及其他生活困难情况下，给予物质帮助的制度。社会保险包括养老保险、医疗保险、失业保险、工伤保险和生育保险。《宪法》第45条规定，“中华人民共和国公民在年老、疾病或者丧失劳动能力的情况下，有从国家和社会获得物质帮助的权利。国家发展为公民享受这些权利所需要的社会保险、社会救济和医疗卫生事业”。《劳动法》第72条规定，“用人单位和劳动者必须依法参加社会保险，缴纳社会保险费。”《劳动合同法》比《劳动法》更进一步，《劳动合同法》第38条规定，用人单位“未依法为劳动者缴纳社会保险费的，劳动者可以解除劳动合同”。根据该条规定，用人单位不为职工缴纳社会保险，劳动者不仅可以随时解除劳动合同，还可以向用人单位追缴社会保险费用，并向用人单位要求支付经济补偿金。《社会保险费征缴暂行条例》（中华人民共和国国务院令第259号）第4条规定，“缴费单位、缴费个人应当按时足额缴纳社会保险费。”缴纳社会保险是用人单位的法定义务，无论劳动合同中是否有此约定，用人单位都应当按照法律规定及时足额为职工缴纳相应的社会保险费用。《劳动合同法》第46条规定，“劳动者依照本法第三十八条规定解除劳动合同的”，“用人单位应当向劳动者支付经济补偿”。法律明确规定了用人单位未依法为劳动者缴纳社会保险费的，劳动者可以解除劳动合同，用人单位应当支付经济补偿。社会保险是国家通过立法强制实行，由用人单位和劳动者按照一定比例缴纳的社会保险费；保险基金，是对劳动者因年老、工伤、疾病、生育、残废、失业、死亡等原因丧失劳动能力或暂时失去工作时，给予劳动者本人或供养直系亲属物质帮助的一种社会保障制度，具有保障劳动者基本生活、维护社会安定和促进经济发展的作用。

实践中，许多用人单位没有认识到社会保险的强制性，私下和劳动者协商，通过高工资、高奖金等方式代替为劳动者缴纳社会保险。但这种做法并不能规避用人单位的法定义务，劳动者无权同意用人单位不为其缴纳社会保险费。即使用人单位通过与劳动者协商，使劳动者同意用人单位不为其缴纳社会保险，这种行为也是无效的，用人单位同样要承担法律责任。因为单位社保员工不要也得要，为劳动者缴纳社会保险费是用人单位的法定义务，用人单位必须依法为劳动者缴纳社会保险，这项义务不因劳动者的主动放弃而免除。因此，即使员工主动提出不需要单位为其缴纳社会保险，甚至向单位出具承诺书，以签订协议等方式保证不追究用人单位责任，用人单位也不可以这样做，更不能将应由用人单位代扣代缴的部分以现金形式支付给劳动者。还有一些企业，不为劳动者缴纳社会保险，却为职工购买商业保险，认为不管哪种保险，只要给劳动者交了保险就可以了。其实不然，社会保险是强制性的，而商业保险是非强制性的，在已经依法缴纳社会保险的基础上，企业可以为员工购买一份商业保险作为福利，但商业保险绝不能代替社会保险。只给员工购买商业保险，而不缴社会保险，企业需要承担法律责任。员工可因此行使劳动合同的单方解除权，解除劳动合同并要求支付经济补偿金。

《中华人民共和国社会保险法》（以下简称《社会保险法》）第 83 条第 3 款规定，“个人与所在用人单位发生社会保险争议的，可以依法申请调解、仲裁，提起诉讼。用人单位侵害个人社会保险权益的，个人也可以要求社会保险行政部门或者社会保险费征收机构依法处理。”

4. 用人单位的规章制度违法，劳动者解除劳动合同能否获得经济补偿金？

职场案例：

赵云秀毕业于名牌大学计算机专业，不久就找到了一份适合自己的工作，这家外企的工资待遇非常高。在签劳动合同时，赵云秀发现规章制度中有一项规定：女职工在前三年不许怀孕生产。这让她很纠结，再一想反正也没有打算要孩子的想法，况且刚参加工作也顾不上这些问题，这一规定对自己没有影响，于是就在劳动合同书上签了字，合同期限至 2011 年 12 月 31 日。事情总是出人意料，结婚半年多赵云秀意外怀孕，根据规章制度，公司要求赵云秀去做人工流产。赵云秀非但不同意，还与公司解除了劳动合同。

这是一个因用人单位规章制度违法，劳动者解除劳动合同的案例。

劳动合同是劳动者与用人单位确定劳动关系、明确双方权利和义务的协议。劳动合同一经签订即具有法律约束力，任何一方不得随意解除劳动合同，除非出现法定情形。用人单位的内部规章制度违反了法律、法规的规定，并且损害劳动者权益的，劳动者可以随时通知用人单位解除劳动合同，而无须遵守解除预告期和以书面形式提前通知的规定。

《劳动合同法》第 4 条第 1 款规定，“用人单位应当依法建立和完善劳动规章制度，保障劳动者享有劳动权利、履行劳动义务。”《劳动合同法》第 38 条第 1 款第 4 项规定，“用人单位的规章制度违反法律、法规的规定，损害劳动者权益的”，“劳动者可以解除劳动合同”。

俗话说，国有国法，家有家规，企业的规章制度就是“家规”。企业规章制度的制定是法律赋予用人单位的用工权的重要组成部分，但这并不意味着规章制度的单方制定就可以任意约束劳动者。因为用人单位的规章制度不合法而引发的劳动争议纠纷普遍存在，但从法律的角度来考量，这些规章制度大多不具有法律约束力。所以，劳动者不要被用人单位狐假虎威的规章制度所震慑。企业在与劳动者签订合同时，往往利用自己的强势地位，要求劳动者接受诸如合同期间不能结婚，不能生育等条件，认为只要劳动者在合同上签字，就表明这些条件是合法的，这个想法是错误的。规章制度只有在合法的前提下，才具有约束力，否则没有任何法律效力。

《劳动合同法》第 4 条第 2 款规定，“用人单位在制定、修改或者决定有关劳动报酬、工作时间、休息休假、劳动安全卫生、保险福利、职工培训、劳动纪律以及劳动定额管理等直接涉及劳动者切身利益的规章制度或者重大事项时，应当经职工代表大会或者全体职工讨论，提出方案和意见，与工会或者职工代表平等协商确定。”用人单位的规章制度如果未经以上民主程序，则该规章制度违反法律规定，应属无效违法的规章制度。

用人单位根据管理的需要，有权制定内部规章制度，但很多内部规章制度在工时、休假、加班等方面违反了国家规定的基本标准，有的甚至规定职工在劳动合同期间不能结婚生育、下班后安排保安对职工进行搜身检查，严重侵犯了职工的合法权利，还有的规定职工在试用期间辞职不给工资，这些规定都是违法无效的。还有很多用人单位的规章制度和劳动合同的内容相冲突，这就涉及哪个效力更高的问题。从法律规定来看，规章制度和有效的劳动合同都具有法律效力，但劳动合同是在双方认可的情况下产生的，而规章制度是企业单方行使的经营管理权。当规章制度成为劳动合同的格式条款且与劳动合同其他内容发生冲突时，应以劳动合同内容为准。《中华人民共和国合同法》（以下简称《合同法》）第 41 条规定，“格式条款和非格式条款不一致的，应当采用非格式条款。”由此可见，当两者对同一内容的规定不同时，劳动合同的效力高于规章制度的效力。

《最高人民法院关于审理劳动争议案件适用法律若干问题的解释（二）》第16条明确规定，“用人单位制定的内部规章制度与集体合同或者劳动合同约定的内容不一致，劳动者请求优先适用合同约定的，人民法院应予支持。”确定劳动合同的优先适用效力，主要是为了防止用人单位，特别是企业的经营管理者不正当行使劳动用工管理权，借少数人的民主侵害多数职工的民主权利。

通过民主程序制定规章制度是法律的硬性规定，是必须要经过的程序。何谓民主程序？具体说来，就是用人单位制定劳动规章时必须听取职工的意见，比如召开座谈会，书面征求意见等，是劳资双方平等协商。还有一个法定程序是公示原则，即向劳动者公示的程序，用人单位必须以合法有效的方式向全体职工公布。《劳动合同法》第4条第4款规定，“用人单位应当将直接涉及劳动者切身利益的规章制度和重大事项决定公示，或者告知劳动者。”最后一项就是内容合法，即规章制度的内容不得违反国家《宪法》《劳动法》及其他法律法规的规定。用人单位规章制度违反法律法规规定，劳动者并不能当然地以此为由解除劳动合同，还必须符合“损害劳动者权益”的条件。案例中的公司规定“女职工三年内不允许怀孕生产”，违反了《婚姻法》的相关规定。在赵云秀怀孕后，公司要求她做人工流产，侵犯了赵云秀的合法权益，赵云秀有权解除劳动合同。

《劳动合同法》第38条第1款第4项规定，“用人单位的规章制度违反法律、法规的规定，损害劳动者权益的”，“劳动者可以解除劳动合同”。如果规章制度违反法律法规，但并未损害劳动者的权益，则劳动者不能据此解除劳动合同。用人单位的规章制度违反法律法规的规定，损害劳动者权益的，劳动者可以解除劳动合同，用人单位应当向劳动者支付经济补偿金。

用人单位制定的直接涉及劳动者切身利益的规章制度违反法律法规的

规定，其法律后果是，这样的规章制度不对劳动者产生约束力，劳动者可以不予遵守；同时，劳动者一经发现用人单位制定的规章制度违反法律法规规定，要向当地的劳动行政部门进行投诉，由劳动行政部门对用人单位予以责令改正，并给予警告的行政处罚。此外，如果违法的规章制度对劳动者造成损害，用人单位应当承担赔偿责任①。

5. 用人单位拒不支付职工加班加点工资，劳动者解除劳动合同能否获得经济补偿金?

职场案例:

某副食品有限公司于2010年10月招聘应玉凤等6名女工，因中秋节市场需求量大幅增加，公司决定加班加点生产月饼，以满足消费者的需求。由于订单量特别大，员工每周加班时间超过13个小时。该公司一直未按法律规定给职工发放加班费，2010年12月25日，应玉凤等人要求公司向她们支付加班工资，但公司根本不予理睬。应玉凤等人便到劳动争议仲裁委员会申请仲裁，要求仲裁机构裁决公司补发她们的加班工资。劳动仲裁开庭审理后，确认该副食品有限公司安排应玉凤等人累计加班达32小时，故裁决该副食品有限公司依法支付应玉凤等人的加班工资，每人2200元。

这是一起因用人单位拒付加班工资而引发的劳动争议案件。

劳动者在法定节假日和公休日到单位进行工作的称为加班，超过正常

---

① 全国人大常委会法制工作委员会行政法室编著，童卫东主编:《中华人民共和国劳动合同法解读与案例》，人民出版社2013年版，第234页。

工作时间而延长工作时间的叫加点。用人单位安排职工加班加点，实际上就是占用了劳动者的法定休息时间，为保障劳动者的休息休假权利，《劳动法》第41条对加班加点有明确规定，“用人单位由于生产经营需要，经与工会和劳动者协商后可以延长工作时间，一般每日不得超过一小时；因特殊原因需要延长工作时间的，在保障劳动者身体健康的条件下延长工作时间每日不得超过三小时，但是每月不得超过三十六小时。”加班也就是《劳动法》所规定的延长工作时间，根据《劳动法》第44条的规定，“（一）安排劳动者延长工作时间的，支付不低于工资的百分之一百五十的工资报酬；（二）休息日安排劳动者工作又不能补休的，支付不低于工资的百分之二百的工资报酬；（三）法定休假日安排劳动者工作的，支付不低于工资的百分之三百的工资报酬。”如果用人单位延长了劳动者的工作时间，又拒不支付法律规定的劳动者延长工作时间的工资报酬，就应当受到处罚。用人单位拒不支付劳动者的加班工资的，应当承担赔偿责任。本案中的用人单位为了完成订单，招聘多人加班加点生产月饼，致使应玉凤等人累计加班达32小时，却不支付加班费。劳动仲裁委员会根据《工资支付暂行规定》第13条的规定，裁决该副食品有限公司依法支付应玉凤等人的加班工资每人2200元。

根据《劳动合同法》第85条的规定，用人单位“未按照劳动合同的约定或者国家规定及时足额支付劳动者劳动报酬的”，“由劳动行政部门责令限期支付劳动报酬、加班费或者经济补偿；劳动报酬低于当地最低工资标准的，应当支付其差额部分；逾期不支付的，责令用人单位按应付金额百分之五十以上百分之一百以下的标准向劳动者加付赔偿金。”

《最高人民法院关于审理劳动争议案件适用法律若干问题的解释》第15条规定，用人单位“拒不支付劳动者延长工作时间工资报酬的”，“迫使劳动者提出解除劳动合同的，用人单位应当支付劳动者的劳动报酬和经济补偿，并可支付赔偿金”。《最高人民法院关于审理劳动争议案件适用法律若干问题的解释（三）》第3条规定，“劳动者依据劳动合同法第八十五条规定，向人民法院提起诉讼，要求用人单位支付加付赔偿金的，人民法院应予受理。”现实中，许多用人单位安排劳动者加班，却从不支付加班费，包括国家机关和事业单位，劳动者一旦提出要加班费，用人单位大多都拒绝，劳动者想要维权又苦于没有证据。

如果用人单位安排劳动者在法定标准工作时间以外工作，劳动者应保留相关证据材料，虽然《劳动法》明确规定，劳动者加班用人单位应当支付加班工资，但劳动者要想维护自身合法权益却很困难，难点主要是如何举证证明自己加了班、加了多少小时的班。用人单位的考勤记录不可能提供给劳动者，有很多劳动者迫不得已只能提供自己平时记载的加班记录，但劳动仲裁或法院在审查认定时，因该证据为劳动者单方制作，如果没有其他的证据相佐证，用人单位又不承认，则不能认定存在加班事实，无法维护劳动者的权益。但《最高人民法院关于审理劳动争议案件适用法律若干问题的解释（三）》第9条对此作出了明确规定，“劳动者主张加班费的，应当就加班事实的存在承担举证责任。但劳动者有证据证明用人单位掌握加班事实存在的证据，用人单位不提供的，由用人单位承担不利后果。”也就是说，劳动者主张加班费，用人单位认为不存在加班事实的，劳动者要求用人单位提供考勤记录，如果用人单位拒不提供，则应认定劳动者的加班事实存在，用人单位应依法支付加班工资及经济补偿金。

《中华人民共和国劳动争议调解仲裁法》（以下简称《劳动争议调解仲裁法》）第6条规定，“发生劳动争议，当事人对自己提出的主张，有责任提供证据。与争议事项有关的证据属于用人单位掌握管理的，用人单位应当提供；用人单位不提供的，应当承担不利后果。”考虑到《劳动争议调解仲裁法》第6条规定了劳动争议适用“谁主张、谁举证”的原则，追索加班费案例也不例外。劳动者主张加班费，就应当就加班事实举证，这符合举证责任分配的一般原则。考虑到劳动者举证的实际困难，对劳动者的举证不能过于苛求，因此初步证据可以证明有加班的事实，即可视为其举证责任已经完成。劳动者提供的加班证据既可以是考勤表、交接班记录、加班通知，也可以是工资条、证人证言，等等，凡是能够证明其加班事实的证据都可以提供。同样，对于劳动者主张加班事实的证据由用人单位掌握管理的，劳动者仍然对这一主张负有举证责任，当劳动者举证证明加班事实的证据属于用人单位掌握管理后，用人单位即应当提供；用人单位不提供的，就应当承担不利后果[①]。

6. 用人单位支付给职工的工资低于最低工资标准，劳动者解除劳动合同能否获得经济补偿金？

职场案例：

毕业于职业中专的靳玲等20余名女学生被某纺织有限公司招用，双方签订劳动合同的起始时间是2009年3月，期限为4年，每月工资为1200元，6个月试用期期间，每月工资700元（该地区当时的最低工资标准为800元）。工作了两个月后，她们听老职工说这个工资低于最低工资标准，此时她们才意识到当初不懂劳动法，签合同时也没感觉有问题。靳玲等20余名职工经商量后，共同去找公司领导，要求按800元的最低工资标准补发试用期工资。但公司却表示，职工试用期工资不受最低工资标准限制。她们不满意公司的答复，集体向劳动争议仲裁委员会申请仲裁，要求仲裁机构裁决该纺织有限公司按最低工资标准补发试用期工资。劳动仲裁经开庭审理认为，根据法律的相关规定，用人单位在试用期内向劳动者发放的工资

① 胡士浩主编：《劳动法司法解释理解与运用·典型案例裁判理由》，中国法制出版社2011年版，第139页。

也不得低于当地最低工资标准。该纺织有限公司的行为已构成违法，最终裁决该纺织有限公司按最低工资标准补发靳玲等20余名女工试用期的工资差额。

这是一起因用人单位支付职工的工资低于最低工资标准而引发的劳动争议案件。

最低工资是国家法律规定的，在劳动者在法定工作时间或劳动合同约定的工作时间内提供了正常劳动的前提下，用人单位依法应向职工支付的劳动报酬不得低于当地最低工资标准。

《劳动法》第48条规定，“国家实行最低工资保障制度。最低工资的具体标准由省、自治区、直辖市人民政府规定，报国务院备案。”根据《最低工资规定》第3条之规定，“本规定所称最低工资标准，是指劳动者在法定工作时间或依法签订的劳动合同约定的工作时间内提供了正常劳动的前提下，用人单位依法应支付的最低劳动报酬。本规定所称正常劳动，是指劳动者按依法签订的劳动合同约定，在法定工作时间或劳动合同约定的工作时间内从事的劳动。劳动者依法享受带薪年休假、探亲假、婚丧假、生育（产）假、节育手术假等国家规定的假期间，以及法定工作时间内依法参加社会活动期间，视为提供了正常劳动。”根据上述规定，用人单位在和劳动者签订劳动合同时虽然可以对具体的工资标准进行协商，但其具体标准不得低于国家规定的最低工资标准，否则就要承担相应的法律责任，即使是试用期内也不例外。原劳动部《关于贯彻执行〈中华人民共和国劳动法〉若干问题的意见》第57条规定，“劳动者与用人单位形成或建立劳动关系后，试用、熟练、见习期间，在法定工作时间内提供了正常劳动，其所在的用人单位应当支付其不低于最低工资标准的工资。”该文件第54条规定，“最低工资不包括延长工作时间的工资报酬，以货币形式支付的住房和用人单位支付的伙食补贴，中班、夜班、高温、低温、井下、有毒、有害等特殊工作环境和劳动条件下的津贴，国家法律、法规、规章规定的社会保险福利待遇。”

最低工资标准适用于我国境内的企业、民办非企业单位、有雇工的个体工商户和与之形成劳动关系的劳动者。国家机关、事业单位、社会团体和与之建立劳动合同关系的劳动者也适用最低工资标准。根据《劳动合同法》第85条之规定，用人单位“低于当地最低工资标准支付劳动者工资的”，由劳动行政部门责令其限期支付，“逾期不支付的，责令用人单位按应付金额百分之五十以上百分之一百以下的标准向劳动者加付赔偿金”。根据原劳动部1994年12月3日发布的《违反和解除劳动合同的经济补偿办法》第4条的规定，“用人单位支付劳动者的工资报酬低于当地最低工资标准的，要在补足低于标准部分的同时，另外支付相当于低于部分百分之二十五的经济补偿金。”劳动者无论是否处于试用期，只要在法定工作时间内或依法签订的劳动合同约定的工作时间内提供了正常劳动，劳动者就有权要求用人单位支付的工资不低于当地最低工资标准。用人单位支付的工资低于最低工资标准的，劳动者可以将其诉至劳动行政部门，也可申请劳动仲裁。

《最低工资规定》第14条规定，“劳动者与用人单位之间就执行最低工资标准发生争议，按劳动争议处理有关规定处理。”按照《劳动合同法》第38条的规定，用人单位“未及时足额支付劳动报酬的”，“劳动者可以解除劳动合同”。

根据《劳动合同法》第30条之规定，“用人单位应当按照劳动合同约定和国家规定，向劳动者及时足额支付劳动报酬。用人单位拖欠或者未足额支付劳动报酬的，劳动者可以依法向当地人民法院申请支付令，人民法院应当依法发出支付令。”这是《劳动合同法》赋予劳动者的能够快速进入司法救济程序的途径。

7. 用人单位与职工协商一致解除劳动合同，劳动者能否获得经济补偿金?

职场案例:

2006年3月，李德才到某机械设备有限公司从事汽车司机工作，公司与他签订了为期6年的劳动合同。2008年8月，公司以效益不佳为由，欲与李德才解除劳动合同，李德才不同意，公司便采取减少奖金等办法对其进行刁难。李德才无奈向公司表示，如果公司提出解除劳动合同，本人可以签字同意。但公司却让李德才自己先写辞职报告，然后由公司批准，但李德才坚决不同意。公司向李德才许诺，如果写辞职报告，公司将给予生活补助费，于是李德才于2008年10月向公司递交了辞职报告，公司立即批准其辞职申请。但事后过去一个多月，公司也未发给其生活费，李德才到公司索要，公司却拿出他的辞职报告说，你是自动辞职，没有生活补助。李德才非常气愤，遂向劳动争议仲裁委员会提起仲裁并提交相关证据，要求公司向其支付解除劳动合同的经济补偿金和生活补助费。

劳动仲裁委员会审理后认为，该机械设备有限公司采用利诱手段，强迫李德才主动辞职，李德才的辞职报告不是其真实的意思表示，劳动关系的解除实际上由单位提出，李德才同意解除劳动合同，劳动仲裁委员会裁决该公司向李德才支付3个月工资的经济补偿金和5000元的生活补助费。

这是一起由解除劳动合同的经济补偿引起的劳动争议纠纷。

协商解除劳动合同的，法律并未规定应当具备什么条件，只要双方当事人依法达成协议，即可解除双方的劳动关系。但协商解除劳动合同，关键要看谁先提出，因为劳动合同是劳动者与用人单位实现双向选择的重要途径，双方经协商一致，不但可以签订劳动合同，还可以变更劳动合同，当然也可以解除劳动合同。协商解除劳动合同只有一个条件，即只要双方协商一致就可以解除劳动合同。因为签订劳动合同的原则就是平等自愿，所以协商解除劳动关系也属正常。

《劳动合同法》第36条规定，“用人单位与劳动者协商一致，可以解除劳动合同。”劳动合同的协商解除，是劳动合同双方当事人之间通过协商办法达成一致意见。协商一致必须建立在平等自愿的基础上，如果双方当事人有一方不同意解除合同，即使合同解除，也不能产生协商一致解除合同的法律效力。协商一致是用人单位和劳动者不愿意继续保持现有的劳动关系，由用人单位提出解除合同，劳动者同意，合意解除劳动合同。这里的协商一致不仅包括解除劳动合同本身，而且还包括解除条件的一致。协商一致解除合同是在当事人双方完全自愿的情况下进行的，是当事人双方真实意思的表达。根据《劳动合同法》的规定，在用人单位提出、双方协商解除劳动合同的情况下，用人单位须支付劳动者经济补偿。《劳动合同法》第46条规定，“用人单位依照本法第三十六条规定向劳动者提出解除劳动合同并与劳动者协商一致解除劳动合同的”，“用人单位应当向劳动者支付经济补偿”。

本案中，本来是公司希望并促使李德才解除劳动合同，却采取欺骗手段，诱使劳动者提出辞职，显然是在规避法律规定，从而避免支付经济补偿的责任。但是由于李德才掌握了公司强迫和诱骗自己提交辞职报告的证据，从而使案件的事实得以澄清。

实践中，一些用人单位常常将“协商一致”解释为“应劳动者的要求而协商一致、解除合同”，要求劳动者提交一份辞职申请，结果该辞职申请被用人单位拿来证明是由劳动者提出解除合同，在此提醒劳动者一定要注意此类问题。

《劳动合同法》第47条第1款规定，“经济补偿按劳动者在本单位工作的年限，每满一年支付一个月工资的标准向劳动者支付。六个月以上不满一年的，按一年计算；不满六个月的，向劳动者支付半个月工资的经济补偿。”该条所规定的月工资是指劳动者在劳动合同解除或者终止前 12 个月的平均工资。对于劳动者工资过高和过低的，法律还有进一步的规定。《劳动合同法》第 47 条第 2 款规定了在劳动者工资过高情形下对经济补偿金的调整，即“劳动者月工资高于用人单位所在直辖市、设区的市级人民政府公布的本地区上年度职工月平均工资三倍的，向其支付经济补偿的标准按职工月平均工资三倍的数额支付，向其支付经济补偿的年限最高不超过十二年。”根据该规定，只有工资高于当地社平工资 3 倍的劳动者，其经济补偿年限才有 12 年的限制，而对普通劳动者是没有限制的，只要劳动者月工资不高于用人单位所在直辖市、设区的市级人民政府公布的本地区上年度职工月平均工资的 3 倍，就不存在 3 倍和 12 年的封顶计算。《劳动合同法》第 47 条第 3 款还规定，“本条所称月工资是指劳动者在劳动合同解除或者终止前十二个月的平均工资。”

《劳动合同法实施条例》第 27 条对在劳动者工资过低情形下的经济补偿金进行调整，即“劳动者在劳动合同解除或者终止前 12 个月的平均工资低于当地最低工资标准的，按照当地最低工资标准计算。”本条同时规定，经济补偿金的计算应当以劳动者的应发工资作为基数，而不是以基本工资、实发工资作为基数。

本案中的李德才在该公司工作了两年零七个月，按照《劳动合同法》第 47 条的规定，公司应向李德才支付其本人工资 3 个月的双倍经济补偿金。

8. 用人单位解除医疗期满、不能从事原工作的职工的劳动合同，劳动者能否获得经济补偿金？

职场案例：

某生物科技有限公司在 2010 年 8 月招聘战君担任技术开发部门经理，

双方签订劳动合同的期限至2015年7月。2013年12月23日，战君因病休假，在休病假9个月后上班不久，公司以战君医疗期满为由解除劳动合同。战君找公司领导明确表示不同意公司解除劳动合同，但公司表示“即使不解除合同你也很难胜任本职工作。”战君不服，立即到劳动仲裁委员会申请劳动仲裁，要求公司支付违法解除劳动合同的经济补偿，病假工资以及本人一个月替代通知期的工资。劳动仲裁开庭审理后，依法作出裁决，支持了战君所有的仲裁请求。

这是一起因医疗期满不能从事原工作而解除劳动合同的案例。

原劳动部颁发的《企业职工患病或非因工负伤医疗期规定》（劳部发〔1994〕479号）第2条规定，“医疗期是指企业职工因患病或非因工负伤停止工作治病休息不得解除劳动合同的时限。”这里的医疗期是指劳动者根据其工龄等条件，依法可以享受的停工医疗并发给病假工资的期间，而不是劳动者病伤治愈实际需要的医疗期。

《劳动合同法》第40条规定，“有下列情形之一的，用人单位提前三十日以书面形式通知劳动者本人或者额外支付劳动者一个月工资后，可以解除劳动合同:（一）劳动者患病或者非因工负伤，在规定的医疗期满后不能从事原工作，也不能从事由用人单位另行安排的工作的”。用人单位如需解除患病职工的劳动合同，应当准确计算其医疗期是否已满，对医疗期未满的职工不得解除劳动合同。对医疗期标准，原劳动部《企业职工患病或非因工负伤医疗期规定》（劳部发〔1994〕479号）第3条第1款规定，“企业职工因患病或非因工负伤，需要停止工作医疗时，根据本人实际参加工作年限和在本单位工作年限，给予三个月到二十四个月的医疗期”。劳动者患病或非因工负伤，有权在医疗期内进行治疗和休息，但在医疗期满后，劳动者就有义务进行劳动。如果劳动者由于身体健康原因不能正常工作，用人单位有义务为其调整工作岗位，选择他力所能及的工作岗位。如果劳动者对用人单位重新安排的工作也无法完成，就说明劳动者不能履行劳动合同，用人单位可以提前30日以书面形式通知本人或在额外支付其一个月工资后，解除劳动合同。也就是说，劳动者患病或者非因工负伤，在规定的医疗期满后不能从事原工作的，用人单位在解除劳动合同前，必须另行给劳动者安排一个工作岗位，当劳动者不能从事另行安排的工作时，用人单位才可以解除劳动合同。

《劳动合同法》第46条规定，“用人单位依照本法第四十条规定解除劳动合同的”，“用人单位应当向劳动者支付经济补偿”。法律虽然规定医疗期满解除合同应支付经济补偿，但此时劳动者仍在患病。原劳动部《违反和解除劳动合同的经济补偿办法》（现已失效）第6条还规定，“劳动者患病或者非因工负伤，经劳动鉴定委员会确认不能从事原工作、也不能从事用人单位另行安排的工作而解除劳动合同的，用人单位应按其在本单位工作年限，每满一年发给相当于一个月工资的经济补偿金，同时还应发给不低于六个月工资的医疗补助费。患重病和绝症的还应增加医疗补助费，患重病的增加部分不低于医疗补助费的百分之五十，患绝症的增加部分不低于医疗补助费的百分之百。”劳动合同期满后因为医疗期未满顺延劳动合同的，医疗期满后仍然请病假的，用人单位可以终止劳动合同。原劳动部《关于实行劳动合同制度若干问题的通知》第22条规定，“劳动者患病或者非因工负伤，合同期满终止劳动合同的，用人单位应当支付不低于六个月工资的医疗补助费；对患重病或绝症的，还应适当增加医疗补助费。”由于《劳动合同法》规定，用人单位在劳动合同期满时终止合同的，无论医疗期是否已满，用人单位都应当支付经济补偿金。《劳动部办公厅关于对劳部发〔1996〕354号文件有关问题解释的通知》（劳办发〔1997〕18号）规定，“‘劳动者患病或者非因工负伤，合同期满终止劳动合同的，用人单位应当支付不低于六个月工资的医疗补助费’是指合同期满的劳动者终止劳动合同时，医疗期满或者医疗终结被劳动鉴定委员会鉴定为5——10级的，用人单位应当支付不低于六个月工资的医疗补助费。”如果未达到该级别，用人单位可以不支付医疗补助费。本案中的用人单位在战君医疗期满后，并未为其重新安排工作岗位，就解除其劳动合同，属于违法解除劳动合同。依照《劳动合同法》第48条之规定，该公司还应向战君支付赔偿金。

9. 用人单位解除不能胜任工作的职工的劳动合同，劳动者能否获得经济补偿金？

职场案例：

2008年10月，郑敏被某货运有限公司招聘为货车司机。双方签订劳动合同，期限为1年，郑敏负责驾驶集装箱货车进行长途运输，每月工资为4000元。工作不到3个月，公司发现郑敏的驾驶技术极差，因为在此期间，郑敏出现了两次交通事故，给公司带来了很大损失。为了提高其驾驶技术，2009年1月，公司将郑敏送至驾驶学校进行了一个月的培训。但经过培训后，郑敏的驾驶技术并没有多大改善，甚至还出现过车辆剐蹭事故。公司鉴于郑敏在培训后仍然不能胜任工作，便在书面通知郑敏并额外支付其一个月工资后解除了与其订立的劳动合同。接到通知后，郑敏要求公司向他支付经济补偿，但遭到公司拒绝。郑敏随后到劳动争议仲裁委员会申请仲裁，要求仲裁机构裁决某货运公司支付经济补偿金。劳动争议仲裁委员会经开庭审理认为，公司以此为由解除劳动合同，应当向劳动者支付经济补偿，最终裁决货运公司向郑敏支付经济补偿金2000元。

这是一起因用人单位解除劳动合同后拒付经济补偿而引发的劳动争议案件。

原劳动部办公厅《关于〈劳动法〉若干条文的说明》（劳办发〔1994〕289号）第26条第1款第2项规定，“劳动者不能胜任工作，经过培训或者调整工作岗位，仍不能胜任工作的”，用人单位可以解除劳动合同，本条中的“不能胜任工作”，是指不能按要求完成劳动合同中约定的任务或者同工种，同岗位人员的工作量。用人单位不得故意提高定额标准，使劳动者无法完成。《劳动合同法》第40条规定，“劳动者不能胜任工作，经过培训或者调整工作岗位，仍不能胜任工作的”，“用人单位提前三十日以书面形式通知劳动者本人或者额外支付劳动者一个月工资后，可以解除劳动合同”。如果劳动者不具备从事其本岗位工作的能力、不能完成本职工作任务，用人单位此时应对其进行职业培训，以提高其职业技能，或将其调换到他能够胜任的工作岗位，如果用人单位尽到了这些义务，劳动者仍然不能胜任工作，就说明该劳动者不具备在该单位劳动的职业能力。此时用人单位可以解除劳动合同，但必须提前30日以书面形式通知劳动者本人或者额外支付劳动者一个月工资，并支付经济补偿金。根据《劳动合同法》第85条的规定，用人单位“解除或者终止劳动合同，未依照本法向劳动者支付经济补偿的”，“由劳动行政部门责令限期支付劳动报酬、加班费或者经济补偿”；“逾期不支付的，责令用人单位按应付金额百分之五十以上百分之一百以下的标准向劳动者加付赔偿金”。

这里需要特别注意的是，劳动者不能胜任工作时，用人单位不能直接或马上解除劳动合同，必须先给劳动者提供培训或调整工作岗位，如果劳动者还不能胜任工作，用人单位方可解除劳动合同。实践中还需注意，用人单位不能随意调动劳动者的工作岗位或提高工作强度，从而借口“劳动者不能胜任工作”而解除劳动合同。用人单位未给劳动者进行培训或者调整工作岗位就解除劳动合同的，属于违法解雇行为，要向劳动者支付赔偿金。用人单位以上述理由解除劳动合同的，必须举证证明“劳动者不能胜任工作，经过培训或者调整工作岗位，仍不能胜任工作”的事实成立，若无相关证据证明，用人单位就解除劳动者的劳动合同，将要承担赔偿责任。本案中的郑敏因不能胜任集装箱货车司机的工作，经公司培训后，仍不能胜任工作，根据《劳动合同法》的规定，郑敏的情况符合用人单位解除劳动合同的条件，但公司拒付经济补偿却违反《劳动合同法》第 46 条的规定，故劳动争议仲裁委员会依法裁决支持了郑敏的仲裁请求。

还有一种情况需要注意，职工因工致残被鉴定为七级至十级伤残的、部分丧失劳动能力的，即使其长期患病，不能胜任工作或者客观情况出现重大变化，用人单位也不能解除劳动合同，但如其有严重违纪、严重失职行为，或者被追究刑事责任的，用人单位可以解除劳动合同。劳动合同到期的，用人单位可以终止劳动合同。《工伤保险条例》（中华人民共和国国务院令第 375 号）第 37 条规定，“职工因工致残被鉴定为七级至十级伤残的”，劳动合同期满终止或者劳动者本人提出解除劳动合同的，“由用人单位支付一次性工伤医疗补助金和伤残就业补助金。”劳动者因工致残被鉴定为七级至十级，劳动合同未到期的劳动者也未提出解除劳动合同的，同时也未出现《劳动合同法》第 39 条规定的情形的，用人单位不得单方面解除劳动合同。笔者总结，用人单位基于以下情况主动解除劳动合同的，应向劳动者支付经济补偿：用人单位主动向劳动者提出解除劳动合同并与劳动者协商一致解除劳动合同的；劳动者患病或者非因工负伤，在规定的医疗期满后不能从事原工作，也不能从事由用人单位另行安排的工作的；劳动者不能胜任工作的，经过培训或者调整工作岗位后，仍不能胜任工作的；劳动合同订立时所依据的客观情况发生重大变化，致使劳动合同无法履行，经用人单位与劳动者协商，未能就变更劳动合同内容达成协议的；用人单位依照《企业破产法》规定进行重组的；用人单位生产经营发生严重困难的；企业转产，重大技术革新或者经营方式调整，经变更劳动合同后，仍需裁减人员的；用人单位根据《劳动合同法》第 46 条的规定解除劳动合同的。此外，劳动者有权要求用人单位支付经济补偿，用人单位拒不支付的，劳动者可以向劳动行政部门投诉或提起劳动仲裁维权。

10. 因用人单位客观情况发生重大变化而解除职工的劳动合同，劳动者能否获得经济补偿金？

职场案例：

某工贸有限公司于2008年1月将石天招聘为车间设备维修人员，双方签订了两年期的劳动合同，每月工资3500元。2008年7月，突发一场大地震，将车间新上不久的三条生产线设备彻底损坏报废，无法修复使用。公司决定关闭车间生产线，并分流相关人员。公司随后与石天协商，欲将其安排为仓库管理员，但遭到石天的拒绝，石天要求公司按照原劳动合同的约定安排其工作。由于双方未能就变更劳动合同内容达成协议，公司决定提前30天通知石天，解除劳动合同。石天收到书面通知后，即到劳动争议仲裁委员会提起劳动仲裁，要求仲裁机构裁决撤销公司解除劳动合同的决定。劳动仲裁经开庭审理认为，由于突发地震将生产设备毁损而导致劳动合同无法履行，在双方协商未果的情况下，公司有权依法解除劳动者的劳动合同。劳动仲裁裁决，确认公司解除石天劳动合同的行为合法，但公司应依法向石天支付经济补偿金3500元。

这是一起因用人单位客观情况发生变化而解除劳动合同的案例。

我们在履行劳动合同的过程中，签订合同时的客观情况发生变化会直接影响劳动关系，进而使劳动合同无法继续履行下去。为了应对这种情况，法律允许用人单位根据劳动合同履行中客观情况的变化而解除劳动合同。

《劳动合同法》第40条规定，“劳动合同订立时所依据的客观情况发生重大变化，致使劳动合同无法履行，经用人单位与劳动者协商，未能就变更劳动合同内容达成协议的”，“用人单位提前三十日以书面形式通知劳动者本人或者额外支付劳动者一个月工资后，可以解除劳动合同”。何为“客观情况”，法律中没有明确规定，亦无相关司法解释。从审判实践看，一般是指不可抗力或企业条件发生变化等无法避免的情况，如企业转移、企业被兼并、企业合并、企业资产转移等，但绝不仅限于以上情况。市场经济条件下的新情况会不断出现。

此种情形下的解除劳动合同与劳动者本人毫无关系[①]，因此必须是在经当事人协商，且不能就变更合同达成协议时，用人单位才可以解除劳动合同，且应提前30日以书面形式通知劳动者本人，或额外支付劳动者一个月工资。

《劳动合同法》第42条规定，“劳动者有下列情形之一的，用人单位不得依照本法第四十条、第四十一条的规定解除劳动合同：（一）从事接触职业病危害作业的劳动者未进行离岗前职业健康检查，或者疑似职业病病人在诊断或者医学观察期间的；（二）在本单位患职业病或者因工负伤并被确认丧失或者部分丧失劳动能力的；（三）患病或者非因工负伤，在规定的医疗期内的；（四）女职工在孕期、产期、哺乳期的；（五）在本单位连续工作满十五年，且距法定退休年龄不足五年的；（六）法律、行政法规规定的其他情形。”这就是说，只有在充分满足法律规定的条件及严格履行法定程序的情况下，用人单位才可以依据《劳动合同法》第40条的规定解除劳动者的劳动合同。用人单位因此解除劳动合同的，劳动者有权要求用人单位支付经济补偿金。

根据《劳动法》第17条第2款的规定，“劳动合同依法订立即具有法律约束力，当事人必须履行劳动合同规定的义务。”用人单位未能就变更劳动合同达成协议而解除劳动者的劳动合同，应当按照有关规定给予劳动者经济补偿。原劳动部《违反和解除劳动合同的经济补偿办法》（现已失效）第8条规定，“劳动合同订立时所依据的客观情况发生重大变化，致使原

① 祝铭山主编：《典型案例与法律适用——劳动合同纠纷》，中国法制出版社2003年版，第50页。

劳动合同无法履行，经当事人协商不能就变更劳动合同达成协议，由用人单位解除劳动合同的，用人单位按劳动者在本单位工作的年限，工作时间每满一年发给相当于一个月工资的经济补偿金。”该补偿办法第10条还规定，“用人单位解除劳动合同后，未按规定给予劳动者经济补偿，除全额发给经济补偿金外，还须按该经济补偿金数额的百分之五十支付额外经济补偿金。”《劳动合同法》第85条还规定，用人单位“解除或者终止劳动合同，未依照本法规定向劳动者支付经济补偿的”，“由劳动行政部门责令限期支付劳动报酬、加班费或者经济补偿”，“逾期不支付的，责令用人单位按应付金额百分之五十以上百分之一百以下的标准向劳动者加付赔偿金”。所以，如果用人单位在解除或者终止劳动合同时未依法向劳动者支付经济补偿，劳动者可向劳动行政部门投诉，由劳动行政部门责令用人单位限期支付经济补偿，但此时劳动者不能再主张经济补偿金的50%的额外经济补偿金。这里需要特别强调，劳动合同订立时所依据的客观情况发生重大变化，致使劳动合同无法履行的，用人单位不能立即解除劳动合同，在解除劳动合同前还需履行一个程序，即与劳动者协商变更劳动合同的相关内容，协商不成的，才可解除劳动合同。用人单位未履行协商程序就解除劳动合同的，为违法解除劳动合同，还应向劳动者支付赔偿金。

11. 因用人单位经营困难而与职工解除劳动合同，劳动者能否获得经济补偿金？

职场案例：

刘忠学于2005年被某食品有限公司招聘为设备维修工，双方签订了5年期的劳动合同。2008年7月，公司经营出现困难，坚持了两个月后，公司与刘忠学协商解除劳动合同，并提前30天书面通知刘忠学，在向刘忠学额外支付1个月工资后，解除了劳动合同。刘忠学向公司提出，公司还应支付经济补偿金，公司未予回应。刘忠学遂向劳动争议仲裁委员会申请劳动仲裁，用人单位当庭辩称，公司已根据《劳动合同法》第40条的规定，以书面形式通知刘忠学解除劳动合同，并向其额外支付了1个月工资。劳动仲裁经审理裁决该食品公司再向刘忠学支付4个月的经济补偿金。

这是一起因用人单位不支付解除劳动合同经济补偿而引发的劳动争议案件。

《劳动合同法》第41条第1款第2项规定，“生产经营发生严重困难的”，“需要裁减人员二十人以上或者裁减不足二十人但占企业职工总数百分之十以上的”，在听取工会或者职工的意见后，“裁减人员方案经向劳动行政部门报告，可以裁减人员”。经济性裁员是指企业由于经营不善等经济性原因，解除劳动者的劳动合同。经济性裁员必须满足法定条件，必须遵守《企业经济性裁减人员规定》的程序。《劳动合同法》允许用人单位在生产经营发生严重困难时采取经济性裁员的措施，但采用这一措施裁减人员的前提条件必须是生产经营发生了严重困难。首先要认定企业是否符合法律要求，还要根据企业提供的财务报表以及审计报告来综合认定企业的财务状况是否恶化到了一定的程度，只有在有证据证明企业的财务状况确实恶化的条件下，才能认定属于生产经营发生严重困难，用人单位才可以进行裁员。

本案中的用人单位因为经营困难而单方解除劳动合同是法律所允许的，但应当向劳动者支付经济补偿金。食品公司在同刘忠学解除劳动合同时的处理方式还是相当规范的。用人单位根据《劳动合同法》第41条第1款的规定，“（一）依照企业破产法规定进行重整的；（二）生产经营发生严重困难的；（三）企业转产、重大技术革新或者经营方式调整，经变更劳动合同后，仍需裁减人员的”，可以裁减人员。但是，在经营严重困难的情况下裁员须符合一定程序，“需要裁减人员二十人以上或者裁减不足二十人但占企业职工总数百分之十以上的，用人单位提前三十日向工会或者全体职工说明情况，听取工会或者职工的意见后，裁减人员方案经向劳动行政部门报告”，方可裁减人员。而且，《劳动合同法实施条例》第19条进一步规定，“有下列情形之一的，依照劳动合同法规定的条件、程序，用人单位可以与劳动者解除固定期限劳动合同、无固定期限劳动合同或者以完成一定工作任务为期限的劳动合同”，“……（十二）用人单位生产经营发生严重困难的”。《劳动合同法》第46条规定，“用人单位依照本法第四十一条第一款规定解除劳动合同的”，“用人单位应当向劳动者支付经济补偿”。由此可见，即使是公司因经营困难而与职工解除劳动合同，仍应向劳动者支付一笔经济补偿金。

从《劳动合同法》和《劳动合同法实施条例》的规定来看，都规定用人单位生产经营出现严重困难，可以单方集体解除劳动合同。这里就需要对用人单位生产经营困难的程度有个具体判断。但《劳动合同法》对何为生产经营状况发生严重困难并无规定，原劳动部办公厅《关于〈劳动法〉若干条文的说明》（劳办发〔1994〕289号）第27条规定，“‘生产经营状况发生严重困难’可以根据地方政府规定的困难企业标准来界定。”然而，用人单位绝不可以生产经营困难为借口而随意解除劳动者的劳动合同。一旦符合条件并解除劳动合同，用人单位必须一次性向劳动者支付经济补偿。用人单位以该理由解除劳动合同还必须符合一定的程序。在生产经营出现严重困难情况下解除劳动合同，必须符合法律规定的程序，对需要裁减20人以上或者裁减不足20人但占企业职工总数10%以上的，用人单位应提前30天向工会或者全体职工说明情况，听取工会或者职工的意见后，裁减人员方案应向劳动行政部门报告。企业裁员关系到职工的切身利益，因此应当依法听取工会或职工的意见，对于符合法律规定条件的裁员，必须经过法律规定的程序，否则用人单位裁员的行为无效。经济性裁员的实质就是用人单位单方解除劳动者劳动合同的一种方式，在经济性裁员中，由于是用人单位单方解除劳动合同，且劳动者并没有过错，因此用人单位必须依法向劳动者支付经济补偿金。根据原劳动部《违反和解除劳动合同的经济补偿办法》（劳部发〔1994〕481号）（现已失效）第10条的规定，“用人单位解除劳动合同后，未按规定给予劳动者经济补偿的，除全额发给经济补偿外，还须按该经济补偿金数额的百分之五十支付额外经济补偿金。”

12. 因用人单位被责令关闭而终止职工的劳动合同，劳动者能否获得经济补偿金？

职场案例：

某化工有限公司于2007年7月1日将刚毕业的单珠招聘为技术员，公司与其签订了为期4年的劳动合同，自2007年7月起，至2011年6月止。单珠每月工资5500元，午餐补助500元，单珠对该公司的工资待遇非常满意。到2009年1月15日，公司因长期排放超标废水，严重污染农田灌溉和居民饮用水源，被政府责令关闭。公司于3天后向职工书面通知终止劳动合同并办理离职手续。在办理终止劳动合同手续时，单珠向公司提出应向本人支付经济补偿，但却遭到了公司领导的拒绝。公司表示，因政府责令企业关闭而导致职工的劳动合同被终止，并非企业主动与职工终止合同，因此企业无须向职工支付经济补偿金。

单珠不接受公司的答复，便到劳动行政执法部门进行投诉，要求公司依法支付终止职工劳动合同的经济补偿金，劳动监察部门经过调查认为，依据《劳动合同法》的相关规定，用人单位被责令关闭而终止职工的劳动合同，应当向职工支付经济补偿，随即向该企业下达了限期整改指令书，责令该公司根据《劳动合同法》第46条的规定，向其单位职工单珠支付终止劳动合同经济补偿金 9000 元。

这是一起因用人单位被责令关闭后拒付劳动者经济补偿而引起的行政投诉案件。

所谓责令关闭，是指行为人违反了法律、行政法规的规定，被行政机关作出了停止生产或者经营的处罚决定，从而停止生产或者经营。用人单位被依法吊销营业执照、责令关闭或者被撤销，已经不能进行生产或者经营，应当解散，以该用人单位为一方的劳动合同终止[①]。

《劳动合同法》第 44 条规定，“有下列情形之一的，劳动合同终止：（一）劳动合同期满的；（二）劳动者开始依法享受基本养老保险待遇的；（三）劳动者死亡，或者被人民法院宣告死亡或者宣告失踪的；（四）用人单位被依法宣告破产的；（五）用人单位被吊销营业执照、责令关闭、撤销或者用人单位决定提前解散的；（六）法律、法规规定的其他情形。”《劳动合同法》第 46 条第 6 项规定，“依照本法第 44 条第四项、第五项规定终止劳动合同的，用人单位应当向劳动者支付经济补偿。”

上述法律明确规定，因用人单位被责令关闭而导致劳动者的劳动合同终止的，劳动者有权要求用人单位支付经济补偿。

在本案中，单珠所在的化工公司被政府责令关闭后，双方签订的劳动合同因此终止。根据《劳动合同法》第 46 条的规定，该公司应在劳动合同终止时向单珠支付经济补偿。该公司拒不履行法定义务，拒绝向单珠支付经济补偿的行为违反了法律规定，侵犯了单珠的合法权益，故劳动行政执法部门责令其限期支付单珠的终止劳动合同经济补偿于法有据。

实践中，用人单位因为有违法行为而被吊销营业执照、责令关闭、撤销、被宣告破产时，劳动者往往会陷入劳动合同终止，却无任何经济补偿

① 信春鹰:《中华人民共和国劳动合同法释义》，法律出版社 2007 年版，第 170 页。

的窘境。《劳动合同法》直接规定用人单位因被吊销营业执照、责令关闭、撤销、解散或者宣告破产而导致劳动合同终止的，应当向劳动者支付经济补偿。用人单位未及时足额支付经济补偿的，依据《劳动合同法》第 85 条的规定，劳动行政部门有权责令其限期支付经济补偿，用人单位逾期仍不支付的，劳动行政部门还有权“责令用人单位按应付金额百分之五十以上百分之一百以下的标准向劳动者加付赔偿金”。

用人单位因出现《劳动合同法》第 44 条的情形而导致劳动者的劳动合同终止的，劳动者有权要求用人单位支付经济补偿，用人单位拒不支付的，劳动者可以向劳动行政部门投诉或提起劳动仲裁维权。

第三篇

劳动报酬如何支付

劳动报酬是劳动者向用人单位提供劳动的回报，是指用人单位依据劳动法的规定以各种形式支付给劳动者的工资和奖金等，劳动报酬也称工资。劳动法中的工资包括计时工资、计件工资、奖金、津贴和补贴，延长工作时间的工资报酬以及特殊情况下支付的工资等。《劳动合同法》第 30 条规定，用人单位应当按照劳动合同约定和国家规定，向劳动者及时足额支付劳动报酬。这一规定明确了用人单位应及时足额向劳动者支付劳动报酬的义务。劳动报酬是劳动者的基本生活来源，克扣或者无故拖欠劳动者工资会给劳动者的基本生存权利造成影响。笔者将在本篇针对用人单位究竟应当怎样向劳动者支付工资以及支付工资的法律适用进行详尽的阐释，使劳动者一目了然。

1. 用人单位怎样支付职工法定休假日加班的三倍工资?

关于职工法定休假日加班工资的计算方法以及支付数额的话题，实在是太陈旧了，每年春节过后，各种媒体纷纷报道，目的是提醒用人单位应向在法定休假日仍坚守在工作岗位的劳动者依法支付加班工资，使劳动者的权益不受侵害——因为大多数劳动者并未拿到《劳动法》意义上的300%的加班工资。

首先我们要明确，计算加班工资时，日工资按平均每月计薪天数21.75天折算。根据《劳动法》第44条第3项的规定，“法定休假日安排劳动者工作的，支付不低于工资的百分之三百的工资报酬。”《劳动法》第51条规定，“劳动者在法定休假日和婚丧假期间以及依法参加社会活动期间，用人单位应当依法支付工资。”据此可以得出结论，在法定休假日不上班，单位也要正常支付工资，那么如果劳动者在法定休假日上班的，《劳动法》规定的300%的工资标准是否已经包括了不上班也应享有的那份正常工资呢？原劳动部《对〈工资支付暂行规定〉有关问题的补充规定》(劳部发〔1995〕226号)第2条规定，“安排在法定休假节日工作的，应另外支付给劳动者不低于劳动合同规定的劳动者本人小时或日工资标准300%的工资。”这里规定的是：应另外支付给劳动者不低于劳动合同规定的劳动者本人小时或日工资标准300%的工资。那么，所谓的“支付300%的工资”是在正常标准工资的基础上另行加付加班费。故法定休假日工作，应得的工资是平时的四倍。

我们所说的节假日工资到底是四倍还是三倍，应当看这句话的前提是什么。如果说节假日工资就应当是平时工资的三倍，那么节假日工作应得工资就自然是平时工资的四倍。劳动和社会保障部《关于职工全年月平均工作时间和工资折算问题的通知》规定，法定休假日计入月计薪天数。这表示对于在此期间加班的职工，用人单位除了支付加班工资外，还要照常发放当天的工资。因此，法定休假日加班的劳动者拿到的工资报酬等于是四倍工资。用人单位安排劳动者在法定休假日上班的，应当依据法律规定向劳动者支付加班工资。不得以安排劳动者补休或调休的方式而不支付加班工资。如果是在休息日安排劳动者工作的，用人单位既可以选择安排补休，也可以选择向劳动者支付不低于工资的200%的工资报酬。

职场案例：

佟童于2006年到某肉食加工厂工作，双方签订了3年期的劳动合同，工作到第3年，还差十来天就到国庆节时，车间主任给大家开会宣布十一不放假，凡加班的职工都按《劳动法》规定支付三倍工资。大家尽管心里不高兴，但一想到给三倍工资就都毫无怨言了。于是，国庆节期间，职工们干得热火朝天。转眼间到了元旦，两个多月过去了，大家始终没有领到三倍工资。职工多次问领导，领导说国庆加工的肉食品都赔了，等元旦再加班，保证按四倍工资算。佟童心想怎么一会三倍，一会四倍，老是加班，就是看不到加班费？由于一直得不到厂里的明确答复，佟童向当地的劳动争议仲裁委员会申请了劳动仲裁。

劳动仲裁委员会认为：肉食加工厂应当向佟童一次性支付国庆节、元旦按照工资的三倍计算的除正常工资之外的加班工资。劳动仲裁委员会最终裁决，肉食加工厂给付佟童的加班工资应以正常工资的三倍计算。

这是一起用人单位拒付职工法定休假日加班三倍工资的案例。

佟童两次加班的时间都属于国家的法定休假日，肉食加工厂应支付佟童不低于正常工资三倍的加班工资报酬。但肉食加工厂已经按照正常的工资标准支付了佟童的月工资，故在计算节假日工资时应当按平时日工资的三倍计算，劳动仲裁委员会裁决按照平时日工资标准的三倍计算工资，由肉食加工厂向佟童支付，实际上佟童在法定休假日加班获得了四倍于平时工资的劳动报酬。劳动仲裁委员会的裁决符合法律的规定。

所谓三倍工资是另外支付的，如果包括带薪的当天工资，劳动者拿到的加班费就相当于日工资标准的四倍工资。以春节初一、初二、初三加班，职工月工资4000元为例。

4000÷21.75天 ×300%×3天=1655.17元 ÷3天=551.72元。即劳动者在法定休假日每加班一天，用人单位应当支付加班工资551.72元。

也就是说，法定休假日加班工资不包括劳动者的当日工资，用人单位在法定休假日安排劳动者工作的，应当支付不低于工资的300%的工资报酬，工资本身的那份不算在300%里，用人单位应当另行支付。即假设劳动者当日工资为100元，法定休假日加班一天，就应加发300元工资。

关键词：

劳动者法定休假日加班的日工资计算方法是：月工资除以21.75乘以300%。

2. 用人单位怎样支付因未与职工订立书面劳动合同产生的双倍工资？

关于双倍工资的争议，自2008年《劳动合同法》颁布至今从未停止过。那么双倍工资究竟应当怎样支付呢？实践中，用人单位、司法机关和行政执法部门都倾向于支持11个月，但笔者在这里给出一个准确的答案，双方自建立劳动关系超过一个月未签书面劳动合同且又超过一年仍不签订书面劳动合同，仅支持11个月的双倍工资是错误的，必须依法予以纠正。《劳动合同法》第82条第1款规定，“用人单位自用工之日起超过一个月不满一年未与劳动者订立书面劳动合同的，应当向劳动者每月支付二倍的工资。”

首先来看案例[①]：

冉某诉某酒店支付工资及赔偿金案

（重庆市黔江区人民法院〔2009〕黔江民初字第742号）

（一）案情简介

冉某诉称：2003年某公司装修该公司弘扬大厦时，将水电安装工程承包给冉某，2006年完工后聘请冉某继续维护大厦的所有设施。2008年1月，弘扬大厦成为扬子酒店的经营场所，冉某一直在酒店从事维护工作，2009年5月31日，酒店将冉某辞退。冉某认为，其工作期间每天工作15小时以上，节假日基本无休，但酒店不给加班费、不给上保险，还拖欠工资，经申请仲裁后，向法院起诉，要求酒店支付加班费、经济补偿金、双倍工资、拖欠工资、额外工资损失、赔偿金、失业待遇等共计344900元。

（二）争议焦点

原告的赔偿应否获得支持？

（三）裁判理由

法院认为，酒店并非弘扬公司的分支企业，属于独立法人，扬子大厦

① 胡仕浩主编：《劳动法司法解释理解与运用·典型案例裁判理由》，中国法制出版社2011年版，第118页。

仅为其营业场所，酒店自2008年1月开业，原告提供了工资表、考勤记录、工作牌以及证人证言证明存在劳动关系，应视为双方的劳动关系自此开始建立。此前的劳动争议和经济损失应向某公司另行主张。被告提交的酒店通知和登报声明证明原告系主动辞职，但以上证据均系原告在向劳动争议仲裁委员会申请仲裁之后作出，法院不予采信。酒店未与冉某签订书面劳动合同，应支付2008年2月至2009年5月的双倍工资，法院判决被告向原告冉某支付未签书面劳动合同16个月的双倍工资（而不是11个月）。从这一案例中可以看出，用人单位不签书面劳动合同的双倍工资并非最多11个月。这个案例告诉我们，只要不签书面劳动合同，就要支付双倍工资，无论是3年还是5年抑或是8年还是10年，上不封顶。这一具有典型性、代表性和真实性的案例，是对现有法律的深度解读，是对典型疑难案例的整理。通过相关判例来阐释法律条文的具体运用规则及如何落实到现实的审判中，有利于读者准确快速地理解和把握，更有利于法官和仲裁员对相关条文的理解和适用。我国劳动法在中国境内的适用不分地区或地域，该司法解释选择了重庆市黔江区人民法院〔2009〕黔江民初字第742号一案，判决用人单位支付原告未签订书面劳动合同的双倍工资16个月，说明最高人民法院同意并认可重庆市黔江区人民法院的判决，说明黔江区人民法院对于《劳动合同法》有关双倍工资的法律规定的理解是正确的。该司法解释在出版说明中特别强调，“本丛书的案例大多都是来自《最高人民法院公报》、《人民法院案例选》、《中国审判案例要览》、‘中国法院网’等，具有典型性、代表性和真实性，并且配有详细、准确的分析和论述，方便读者更加准确、迅速地把握条文的精髓。”法院认为，按照月平均工资1607元计算，共计25712元；2008年1月份和2月份工资共计2778元，被告未及时支付，应当予以支付，并支付50%的额外赔偿1389元；被告无正当理由辞退原告，应当支付2008年1月至2009年5月期间，共计一年半的双倍经济补偿金4821元；被告未提前30天告知原告解除劳动关系，应支付原告失业待遇，法院酌情支持一个月工资 1607 元；原告虽然提交了签到表证明其周末上班的事实，但因其负责水电维修、烧锅炉、电梯维修，工作具有特殊性，并不需要全天待在单位，对原告要求加班工资的请求不予支持。

《劳动合同法》第 82 条第 2 款规定，“用人单位违反本法规定不与劳动者订立无固定期限劳动合同的，自应当订立无固定期限劳动合同之日起向劳动者每月支付二倍的工资。”《劳动合同法》的高明之处在于对不签书面劳动合同的用人单位，不再设定行政处罚的内容，而是将用人单位的违法成本转为劳动者的经济利益，建立了一种用人单位的违法成本与劳动者的经济利益挂钩的机制，既增加了用人单位的违法成本，又提高了劳动者的维权积极性。那么如果用人单位自用工之日起满一年不与劳动者订立书面劳动合同被视为已订立无固定期限劳动合同，是否还需订立书面劳动合同呢？问题的关键点就在这里。

《劳动合同法实施条例》第 7 条规定，“用人单位自用工之日起满一年未与劳动者订立书面劳动合同的，自用工之日起满一个月的次日至满一年的前一日应当依照劳动合同法第八十二条的规定向劳动者每月支付两倍的工资，并视为自用工之日起满一年的当日已经与劳动者订立无固定期限劳动合同，应当立即与劳动者补订书面劳动合同。”如果用人单位违反法律规定不与劳动者订立书面无固定期限劳动合同的，自应当订立无固定期限劳动合同之日起向劳动者每月支付二倍的工资。该条最后特别强调必须立即补订书面劳动合同，否则就要继续支付双倍工资，直至签订书面劳动合同为止。订立书面劳动合同是法律的强制性要求，《劳动合同法》与《劳动法》的不同之处在于它强调书面劳动合同制，用人单位自用工之日起满一年不与劳动者订立书面劳动合同的，虽然视为用人单位与劳动者已订立无固定期限劳动合同，但视为签订并不代表用人单位已与劳动者签订了书面劳动合同，视为签订不等于已经签订，视为签订毕竟还没有签订，故《劳动合同法实施条例》第 7 条规定用人单位应当立即与劳动者补订书面劳动合同，以明确双方的权利义务。《劳动合同法》的立法本意并不是处罚用人单位，而是督促用人单位重视书面劳动合同的订立，因为《劳动合同法》实行书面合同制，是否支付双倍工资取决于用人单位是否与劳动者签订了书面劳动合同。

《劳动合同法实施条例》第6条规定，“用人单位自用工之日起超过一个月不满一年未与劳动者订立书面劳动合同的，应当依照劳动合同法第八十二条的规定向劳动者每月支付两倍的工资，并与劳动者补订书面劳动合同……前款规定的用人单位向劳动者每月支付两倍工资的起算时间为用工之日起满一个月的次日，截止时间为补订书面劳动合同的前一日。”这意味着用人单位自用工之日起超过1个月不满1年未与劳动者签订书面劳动合同的，要每月支付劳动者二倍的工资，直到签订书面劳动合同之日止。而上述案例完全证明了“用人单位不签书面劳动合同仅支持11个月的双倍工资”是严重错误的，准确地说，这是违反《劳动合同法》的行为。

《劳动合同法实施条例》第6条第2款明确规定了用人单位不与劳动者签订书面劳动合同应当支付两倍工资的起算时间和截止时间。这是法律的规定，并非个人观点。

由此可见，《劳动合同法》强调书面劳动合同的签订，加大了对劳动者的保护力度。企业为了降低用工成本，规避法律义务，逃避社会责任，而不与劳动者签订书面劳动合同，必将付出更大的代价。

因此，《劳动合同法》与《劳动法》最大的不同之处就在于强制推行无固定期限劳动合同且明确必须要以书面形式订立。《劳动合同法》第10条规定了劳动合同订立的形式。

关键词：

用人单位不签书面劳动合同向劳动者每月支付二倍工资的起算时间为自用工之日起满1个月的次日，截止时间为补订书面劳动合同的前一日。

3. 用人单位怎样支付职工最低工资标准的工资？

最低工资是指劳动者在法定的正常工作时间内付出正常劳动的前提下，用人单位支付工资的最低标准。这是法律为保护劳动者的基本待遇而强制规定的。

《最低工资规定》（中华人民共和国劳动和社会保障部令第21号）第12条第1款明确规定，“在劳动者提供正常劳动的情况下，用人单位应支付给劳动者的工资在剔除下列各项以后，不得低于当地最低工资标准：（一）延长工作时间的工资；（二）中班、夜班、高温、低温、井下、有毒有害等特殊工作环境、条件下的津贴；（三）法律、法规和国家规定的劳动者福利待遇等。”

实践中，用人单位经常把相关费用，比如加班工资，伙食补助等混合在工资中，看起来单位发放的工资都不低于最低工资标准，但扣掉这些不该加进来的费用后，已远远低于最低工资标准。笔者将在本文中针对“职工个人应承担的社会保险是否包括在最低工资中”依法进行详细阐述。

职场案例：

2009年3月，倪铭到劳动部门投诉其所在单位从2008年1月1日至1月31日工作期间，未按照本市最低工资标准支付其工资。后经劳动监察机构调查，倪铭在该单位工作期间未签订劳动合同。该单位1月份发放给倪铭的工资为654元，其中扣除了倪铭个人应承担的社会保险费。倪铭所在单位的做法是否违反了劳动法的相关规定呢？

原劳动部《关于贯彻执行〈中华人民共和国劳动法〉若干问题的意见》第54条规定，“最低工资不包括延长工作时间的工资报酬，以货币形式支付的住房和用人单位支付的伙食补贴，中班、夜班、高温、低温、井下、有毒、有害等特殊工作环境和劳动条件下的津贴，国家法律、法规、规章规定的社会保险福利待遇。”2009 年 1 月，本市内四区的最低工资标准为 700 元，加上养老保险 56 元（还未包括加班费和伙食补贴等），单位应支付的 1 月份工资为 756 元，而实际发放 654 元，尚欠 112 元。劳动监察部门对该单位下达了限期整改指令书，该单位在规定的时间内，向倪铭支付了所欠发的工资。通过这个案例我们可以知道，凡是用人单位把个人应承担的社会保险费从最低工资中扣除的，均属违法，因为上述法律规定，最低工资不包括社会保险福利待遇。

这是一起因用人单位违法支付职工最低工资而引发的纠纷案件。

《劳动法》第 48 条第 2 款规定，“用人单位支付劳动者的工资不得低于当地最低工资标准。”

原劳动部办公厅《关于〈劳动法〉若干条文的说明》第 48 条规定，“国家实行最低工资保障制度……用人单位支付劳动者的工资不得低于当地最低工资标准。本条中的‘最低工资’是指劳动者在法定工作时间内履行了正常劳动义务的前提下，由其所在单位支付的最低劳动报酬。最低工资包括基本工资和奖金、津贴、补贴，但不包括加班加点工资、特殊劳动条件下的津贴，国家规定的社会保险和福利待遇排除在外。”该说明重点强调，将社会保险排除在最低劳动报酬之外。

《中华人民共和国劳动合同法释义》第 30 条对此解释如下：

“最低工资不包括延长工作时间的工资报酬，以货币形式支付的住房和用人单位支付的伙食补贴、中班、夜班、高温、低温、井下、有毒有害等特殊工作环境和劳动条件下的津贴以及国家法律、法规、规章规定的社会保险福利待遇[①]。”该释义对“最低工资不含社会保险”给出了解释。《上海

① 信春鹰：《中华人民共和国劳动合同法释义》，法律出版社 2007 年版，第 100—101 页。

市人力资源和社会保障局关于调整本市最低工资标准的通知》（沪人社综发〔2010〕21号）从2010年4月1日起，“劳动者个人依法缴纳的社会保险费和住房公积金，延长工作时间的加班费，中班、夜班、高温、低温、有毒有害等特殊工作环境、条件下的津贴等不作为月最低工资标准的组成部分，用人单位应按规定另行支付。”2011年经市委、市政府批准，《北京人力资源和社会保障局关于调整北京市2011年最低工资标准的通知》（京人社劳发〔2010〕300号）规定“（三）劳动者个人应缴纳的各项社会保险费和住房公积金不作为最低工资标准的组成部分，用人单位应按规定另行支付。”

根据原劳动部《关于贯彻执行〈中华人民共和国劳动法〉若干问题的意见》第54条、原劳动部办公厅《关于〈劳动法〉若干条文的说明》第48条和北京、上海对最低工资标准的规定可以得出结论，用人单位向劳动者支付的最低工资不包括劳动者个人应承担的社会保险费用。也就是说，在扣除职工个人应承担的社会保险费后，支付给劳动者的工资不得低于最低工资标准。

北京市和上海市在中华人民共和国境内、在中国共产党的领导下，北京市和上海市是在国家法律的框架之内，依法出台的地方性法规和文件。北京市和上海市的人力资源和社会保障部门是经市委市政府的批准和同意，制定的符合国家法律规定的地方性法规。也就是说，北京市和上海市的“最低工资不包括个人应承担的社会保险费”是根据国家法律而制定的劳动规章，如果在其他省市和地区出现有别于此的规定，都是违法的。原劳动部《关于贯彻执行〈中华人民共和国劳动法〉若干问题的意见》第53条对劳动者的收入不属于工资范围的项目作出了明确规定，即单位支付给劳动者个人的社会保险福利费用不属于工资范围。

既然不是工资范围，就不应计算在最低工资标准里，社会保险是劳动者依法应享受的福利待遇，同时也是用人单位的法定义务。另外，《劳动部关于实施最低工资保障制度的通知》（劳部发〔1994〕409号）（现已失效）也规定，“用人单位通过贴补伙食、住房等支付给劳动者的非货币性收入亦不包括在内。”由此可见，用人单位支付的劳动报酬剔除加班工资、伙食补贴、特殊津贴以及社会保险后，劳动者实际拿到手的要远远高于最低工资标准的工资。在全国七五普法统编系列教材中，“最低工资是指职工上完各种社会保险后领取到手的工资额①。”

用人单位如果低于最低工资标准发放工资，劳动者可以向劳动监察部门进行投诉，用人单位要因此承担行政法律责任。《劳动合同法》第85条规定，用人单位“低于当地最低工资标准支付劳动者工资的”，“由劳动行政部门责令限期支付劳动报酬、加班费或者经济补偿”，“逾期不支付的，责令用人单位按应付金额百分之五十以上百分之一百以下的标准向劳动者加付赔偿金”。

关键词：

最低工资包括基本工资、奖金、津贴和补贴，不包括加班加点工资和劳动者个人应缴纳的社会保险费。

4. 用人单位怎样支付实行计件工资制职工的工资？

计件工资是用人单位根据劳动者生产的合格产品的数量和预先规定的计件单价支付给劳动者的劳动报酬。这种制度不直接用劳动时间计算工资，而是用一定时间内的劳动成果来计算劳动报酬。那么，实行计件工资制是

① 顾昂然主编：《七五普法社区居民学法用法读本》，中国言实出版社2017年版，第109页。

否也要执行法定的工作时间，超时加班是否也要支付加班费呢？

职场案例：

黄金在某电子厂上班，双方在劳动合同中约定实行计件工资制，根据职工的工作量计算劳动报酬。黄金所在部门规定每人每天必须完成30件，对这一劳动定额，黄金还可以完成，但后来，电子厂订单增多，为此，黄金经常加班加点工作，每天都延长3—4小时，并且部门规定又提高到每天50件。干了两个多月，工资还是按件计发，黄金认为自己在正常工作时间之外又超额完成了几乎双倍的工作量，对于超时加班完成的工作，厂里应当支付加班费，他多次要求，均被厂里拒绝，依旧按件计算工资。

2009年2月，黄金向当地劳动争议仲裁委员会提起仲裁，要求电子厂支付加班工资并依法执行劳动法规定的工作时间。劳动争议仲裁委员会经审理认为，电子厂随意提高劳动定额，并且延长工作时间已超出劳动法的规定，故裁决电子厂补发黄金的加班工资，并将劳动定额调整到每日30件。电子厂不服该裁决，起诉到法院。法院审理后认为，电子厂确定的劳动定额不得随意提高，在增加定额后，大多数职工不能在法定劳动时间内完成，迫使职工不得不延长工作时间，故应依法支付加班费，法院最终驳回了电子厂的诉讼请求。

这是一起因工作时间引发的劳动争议纠纷。

工作时间制度是为保障劳动者的休息权而制定的，无论是实行计时工资制，还是计件工资制，用人单位都应严格执行劳动法规定的工时制度。不允许以实行计件工资为借口，变相延长劳动者的工作时间。

根据原劳动部《工资支付暂行规定》第13条的规定，“用人单位在劳动者完成劳动定额或规定的工作任务后，根据实际需要安排劳动者在法定标准工作时间以外工作的，应按以下标准支付工资：（一）用人单位依法安排劳动者在日法定标准工作时间以外延长工作时间的，按照不低于劳动合同规定的劳动者本人小时工资标准的150%支付劳动者工资”。根据该条规定，劳动者只要是在法定工作时间以外工作就属于加班，就应当支付加班工资。本案中，黄金在法定工作时间以外完成额外的工作任务，应属加班。电子厂以计件工资制度为由拒绝支付加班工资，违反了法律规定。计件工资制的特点是以劳动者的产品数量来计算劳动者的工资，而不直接以劳动时间来计算报酬，劳动者只要在法定工作时间以外工作就应当认定为加班，用人单位就应当支付劳动者加班工资。

《劳动部贯彻〈国务院关于职工工作时间的规定〉的实施办法》第3条规定，“职工每日工作8小时、每月工作40小时。实行这一工时制度，应保证完成生产和工作任务、不减少职工的收入。”

原劳动部《工资支付暂行规定》第13条第2款规定，“实行计件工资的劳动者，在完成计件定额任务后，由用人单位安排延长工作时间的，应根据上述规定的原则，分别按照不低于其本人法定工作时间计价单价的150%、200%、300%支付其工资。”劳动者法定时间内的劳动是劳动者应尽的义务，超过工作时间另行工作就侵犯了劳动者的休息权，用人单位就应当支付高于正常工作时间的工资报酬。《劳动法》第44条第1项规定，“安排劳动者延长工作时间的，支付不低于工资的百分之一百五十的工资报酬”，本案中电子厂的做法实属延长劳动者工作时间的行为，故对于劳动者超过法定工作时间以外的劳动，用人单位必须支付加班工资。

另外，实行计件工资制的用人单位在劳动者没有完成计件定额时发放的工资，能否低于最低工资标准支付？根据《最低工资规定》（中华人民共和国劳动和社会保障部令第21号）第12条第2款的规定，“实行计件工资或提成工资等工资形式的用人单位，在科学合理的劳动定额基础上，其支付劳动者的工资不得低于当地最低工资标准。”

还有一个关键问题请劳动者注意，实行计件工资制是否需要和用人单位签订书面劳动合同？《劳动合同法》第 12 条规定，“劳动合同分为固定期限劳动合同、无固定期限劳动合同和以完成一定工作任务为期限的劳动合同。”《劳动合同法》第 15 条第 1 款规定，“以完成一定工作任务为期限的劳动合同，是指用人单位与劳动者约定以某项工作的完成为合同期限的劳动合同。”因此，劳动者可以与用人单位签订以完成一定工作量为期限的劳动合同。所以，计件工资制的用人单位与劳动者协商一致，可以签订以完成一定工作任务为期限的劳动合同。

关键词：

用人单位即使实行计件工资制，也应向劳动者支付加班费。实行计件工资制的用人单位支付给职工的工资不得低于最低工资标准。

5. 用人单位怎样支付实行不定时工作制职工的工资？

不定时工作制是因生产特点或工作性质的特殊需要，确定职工工作量的工作制度，针对需要连续上班或难以按时上下班而无法适用标准工作时间的工作岗位实行的一种工作时间制度。

原劳动部《关于企业实行不定时工作制和综合计算工时工作制的审批办法》第 4 条规定，“企业对符合下列条件之一的职工，可以实行不定时工作制。（一）企业中的高级管理人员、外勤人员、推销人员、部分值班人员和其他因工作无法按标准工作时间衡量的职工；（二）企业中的长途运输人员、出租汽车司机和铁路、港口、仓库的部分装卸人员以及因工作性质特殊，需机动作业的职工；（三）其他因生产特点，工作特殊需要或职责范围的关系，适合实行不定时工作制的职工。”

职场案例：

马奋于2007年2月进入某针织厂做采购工作，双方签订了4年期的劳动合同。其工作性质决定了其工作时间具有不固定性，有时每天采购一次即可，遇到旺季即使下班还得外出采购，工作时间很不确定。尽管如此，马奋对这份工作还是很满意，因为有旺季也有淡季，旺季时单位还给一笔加班费。到了第二年，厂领导决定对采购人员实行不定时工作制，并经过了劳动部门的批准。后来订单越来越多，马奋每天工作都超过8小时，但厂里却不再支付加班费，马奋对此很有意见，要求厂里支付加班费，却被拒绝。马奋认为法律规定，超过8小时就应支付加班费，随即申请劳动仲裁，要求针织厂支付4个月的加班费并支付经济补偿金。

劳动仲裁委员会经审理认为：针织厂依法实行不定时工作制，并经劳动行政部门批准，合法有效，马奋不存在加班问题，针织厂无须支付加班费，仲裁裁决不支持马奋的请求。

这是一起因用人单位实行不定时工作制而引发的劳动争议案件。

不定时工作制是根据行业特点和工作性质的特殊性，对需要连续上班或因难以按时上下班而无法适用标准工作时间的工作岗位而实行的一种工作时间制度。

经批准实行不定时工作制的职工，不受《劳动法》第41条规定的延长工作时间标准的限制。本案中马奋的工作时间是不固定的，无法按标准工作时间计算，其在8小时以外的工作时间不算延长工作时间，所以马奋在8小时以外的工作属于正常工作范围，而非加班。

《劳动法》第44条关于用人单位延长劳动者工作时间应当支付高于劳动者正常工作时间工资报酬的规定，是针对标准工作时间制度而规定的支付加班工资的条款。在实际工作中，还有一些工作是不能按标准工作时间来计算工时报酬的。对于这种情况，《劳动法》第39条作出了原则性规定，

“企业因生产特点不能实行本法第三十六条、第三十八条规定的，经劳动行政部门批准，可以实行其他工作和休息办法。”根据这一规定，原劳动部制定了《关于企业实行不定时工作制和综合计算工时工作制的审批办法》，其第3条明确规定，“企业因生产特点不能实行《中华人民共和国劳动法》第三十六条、第三十八条规定的，可以实行不定时工作制或综合计算工时工作制等其他工作和休息办法。”同时，上述规定明确了可以实行不定时工作制的职工包括本文开头所列的人员。而原劳动部《工资支付暂行规定》第13条第4款规定，“实行不定时工时制度的劳动者，不执行上述规定。”因此，对于实行不定时工作制的职工，不存在法律规定的加班加点及支付加班费的问题。经报批的不定时工作制没有加班费，那么，没有报批的不定时工作制有没有加班费呢？

原劳动部《关于企业实行不定时工作制和综合计算工时工作制的审批办法》第7条第2款规定，“地方企业实行不定时工作制和综合计算工时工作制等其他工作和休息办法的审批办法，由各省、自治区、直辖市人民政府劳动行政部门制定，报国务院劳动行政部门备案。”根据该条规定，企业实行不定时工作制需由企业提出申请并向劳动行政部门报批，对不符合和未经批准而擅自实行不定时工作制和综合计算工时工作制的企业，应坚决予以纠正，对情节严重的，依据有关规定给予处理和处罚。企业实行不定时工作制未经主管部门批准是违法的。职工在单位中所从事的岗位虽然属于法律规定的可以实行不定时工作制，但如果用人单位未经劳动行政部门审批同意，是不可单方实行不定时工作制的。对于合法实行不定时工作制岗位的职工，用人单位可以不支付加班费。但如果用人单位单方实行不定时工作制而未予报批，单位还应当按照原来的标准向职工支付加班费。

关键词：

未经报批实行不定时工作制，超过8小时应向职工支付加班费。

实行不定时工作制的职工在法定休假日被安排工作的，用人单位应当支付300%的加班工资。

6. 用人单位怎样支付实行综合计时工作制职工的工资？

所谓综合计算工时工作制，是指因生产特点，劳动者的工作时间不宜以日计算，需要分别以周、月、季、年等为周期综合计算工作时间，但平均日工作时间和平均周工作时间应与法定标准工作时间基本相同的一种工时制度。原劳动部《关于企业实行不定时工作制和综合计算工时工作制的审批办法》第6条规定，“对于实行不定时工作制和综合计算工时工作制等其他工作和休息办法的职工”，应“采用集中工作、集中休息、轮休调休、弹性工作时间等适当方式，确保职工的休息休假权利”。企业需要实行综合计算工时工作制的，应报经劳动行政部门履行一定的审批手续。实行这一工时制的企业，无论以周、月为周期，还是以季、年为周期综合计算工作时间，职工的平均月工作时间和周工作时间均应与法定标准工作时间基本相同，超过法定标准工作时间的，应视为延长工作时间，用人单位应按规定支付职工延长工作时间的工资。

《关于企业实行不定时工作制和综合计算工时工作制的审批办法》第5条规定，“企业对符合下列条件之一的职工，可实行综合计算工时工作制”，“（一）交通、铁路、邮电、水运、航空、渔业等行业中因工作性质特殊，需连续作业的职工；（二）地质及资源勘探、建筑、制盐、制糖、旅游等受季节和自然条件限制的行业的部分职工；（三）其他适合实行综合计算工时工作制的职工。”

职场案例：

白费于2004年10月到某酒店从事设施维护工作。2006年6月经劳动部门批准，部分岗位实行综合计算工时工作制，白费的岗位实行综合计算工时工作制，并以季为计算周期。2008 年 1 月至 12 月期间，白费实际工作时间为 2313 小时，超过标准工作时间 305 小时。白费与酒店因加班费发生争议后诉至法院，要求酒店支付加班费 18900 元。法院审理认为，白费在酒店的工作岗位实行综合计算工时工作制，酒店应按白费的工作时间支付工资。白费在 2008 年度超过了标准工作时间，酒店应支付加班费。故判决酒店支付白费超过标准工作时间的加班费 6354 元。

本案是一起因综合计时工作制企业职工超过法定工作时间加班工作，用人单位不发放加班期间的工资报酬而引起的劳动争议案件。

实行综合计算工时工作制是否需要支付加班费？

原劳动部《关于职工工作时间有关问题的复函》（劳部发〔1997〕271 号）第 5 条第 2 款规定，“依据劳动部《关于企业实行不定时工作制和综合计算工时工作制的审批办法》第五条的规定，综合计算工时工作制采用的是以周、月、季、年等为周期综合计算工作时间，但其平均日工作时间和平均周工作时间应与法定标准工作时间基本相同。”在综合计算周期内，职工总实际工作时间不应超过总法定标准工作时间，超过部分应视为延长工作时间。而且，延长工作时间的小时数，平均每月不得超过 36 小时。

实行综合计算工时工作制的，劳动者在加班时间工作的，有权要求用人单位支付加班工资。原劳动部《关于贯彻执行〈中华人民共和国劳动法〉若干问题的意见》第 62 条规定，“实行综合计算工时工作制的企业职工，工作日正好是周休息日的，属于正常工作；工作日正好是法定节假日时，要依照劳动法第四十四条第（三）项的规定支付职工的工资报酬。”该文件第 65 条规定，“经批准实行综合计算工作时间的用人单位，分别以周、月、季、年等为周期综合计算工作时间，但其平均日工作时间和平均周工作时间应与法定标准工作时间基本相同。”

与不定时工作制相同的是，用人单位同样必须在得到批准后方能实行综合计算工时工作制。实行这一工时形式，要综合计算劳动者的工作时间。超过法定标准工作时间部分，应视为延长工作时间，应按规定支付职工延长工作时间的工资。《劳动法》对劳动者加班工作的工资报酬有明确的规定，《劳动法》第 44 条规定，“……（一）安排劳动者延长工作时间的，支付不低于工资的百分之一百五十的工资报酬；（二）休息日安排劳动者工作又不能安排补休的，支付不低于工资的百分之二百的工资报酬；（三）法定休假日安排劳动者工作的，支付不低于工资的百分之三百的工资报酬。”工作日为休息日的，属于正常工作。

关键词：

实行综合计算工时工作制也应依法支付加班工资，法定休假日安排职工工作的，应当按照 300％的标准支付加班费。

7. 用人单位怎样支付职工带薪年休假的工资？

带薪年休假是指劳动者工作满一定期限，每年应享受的连续休假天数。《劳动法》第 45 条规定，“国家实行带薪年休假制度。劳动者连续工作一年以上的，享受带薪年休假。”国务院颁布的《职工带薪年休假条例》第 2 条规定，“机关、团体、企业、事业单位、民办非企业单位、有雇工的个体工商户等单位的职工连续工作 1 年以上的，享受带薪年休假”。用人单位应依法执行带薪年休假的规定，保证职工享受年休假，职工在年休假期间享受与正常工作期间相同的工资收入。根据上述法律规定，职工在同一用人单位连续工作满 1 年，无论用人单位性质如何，劳动者均有权享受带薪年休假待遇。

《职工带薪年休假条例》第3条规定，“职工累计工作已满1年不满10年的，年休假5天；已满10年不满20年的，年休假10天；已满20年的，年休假15天。国家法定休假日、休息日不计入年休假的假期。”

职场案例：

2008年1月，牛今与其所在的用人单位某石材有限公司签订了为期3年的劳动合同，每月工资1800元。该公司与牛今在合同中约定，每天工作时间为8小时，每周工作40小时，但未约定带薪休假待遇。2009年3月20日，牛今听朋友说《劳动法》规定职工有权享受带薪年休假，并且还照常发工资。牛今一听立即去找公司领导，要求给予带薪休假待遇，按规定享受5天带薪年休假。领导以公司无休假惯例为由拒绝了牛今的请求，牛今遂向劳动争议仲裁委员会申请仲裁，要求裁决该石材有限公司支付年休假工资4000元。

劳动仲裁开庭审理时，该石材有限公司辩称，双方签订的劳动合同没有约定带薪年休假，故牛今不能享受带薪年休假。劳动仲裁委员会认为，根据相关规定，劳动者有权依法享受带薪年休假待遇，该石材有限公司的答辩理由不成立。劳动仲裁委员会依法裁决该石材有限公司给予牛今5天的带薪年休假工资3200元。

本案中，牛今在该公司连续工作满一年。根据上述法律规定，牛今有权享受5天的带薪年休假。该公司拒绝牛今要求享受年休假待遇，违反了法律、法规的强制性规定，侵害了牛今依法应享受的休息权利，故劳动争议仲裁委员会依法裁决支持牛今的仲裁请求。

这是一起因用人单位克扣职工年休假工资而引起的纠纷。

劳动者在同一用人单位连续工作满一年的，有权要求用人单位给予带薪年休假待遇。用人单位与劳动者协商一致不休年假的，用人单位应当按照该劳动者日工资收入的300%支付年休假工资报酬。

2008年9月18日实施的《企业职工带薪年休假实施办法》第5条第1款规定，“职工新进用人单位且符合本办法第三条规定的，当年度年休假天数，按照在本单位剩余日历天数折算确定，折算后不足1整天的部分不享受年休假。”

该办法第11条规定，“计算未休年休假工资报酬的日工资收入按照职工本人的月工资除以月计薪天数（21.75天）进行折算。前款所称月工资是指职工在用人单位支付其未休年休假工资报酬前12个月剔除加班工资后的月平均工资。在本用人单位工作时间不满12个月的，按实际月份计算月平均工资。职工在年休假期间享受与正常工作期间相同的工资收入。实行计件工资、提成工资或者其他绩效工资制的职工，日工资收入的计发办法按照本条第一款、第二款的规定执行。”

带薪年休假强调的是休假期间带薪。职工在年休假期间享受与正常工作期间相同的工资收入。也就是说，职工在年休假期间与工作时间的待遇一样，享受正常工作期间的工资。这里的正常工资绝不是最低日工资或基本工资，而是劳动法意义上的工资。带薪年休假是《劳动法》和《职工带薪年休假条例》赋予职工的权利，用人单位无权剥夺，只要双方建立劳动关系。工资制度形式不影响年休假制度：不论用人单位实行何种工资制度，不管是月薪制，还是日薪制，也不论是计时工资制还是计件工资制，都要保证劳动者享有带薪年休假。用人单位确因工作需要不能安排劳动者休年休假的，经劳动者本人同意，可以不安排劳动者休年休假，对劳动者应休未休的年休假天数，用人单位应当按照该劳动者日工资收入的300%支付未休年休假的工资报酬。

《企业职工带薪年休假实施办法》第10条第1款规定，“用人单位经职工同意不安排年休假或者安排职工休假天数少于应休年休假天数，应当在本年度内对职工应休未休年休假天数，按照其日工资收入的300%支付未休年休假工资报酬，其中包含用人单位支付职工正常工作期间的工资收入。”

《职工带薪年休假条例》第 4 条规定，“职工有下列情形之一的，不享受当年的年休假：（一）职工依法享受寒暑假，其休假天数多于年休假天数的；（二）职工请事假累计 20 天以上且单位按照规定不扣工资的；（三）累计工作满 1 年不满 10 年的职工，请病假累计 2 个月以上的；（四）累计工作满 10 年不满 20 年的职工，请病假累计 3 个月以上的；（五）累计工作满 20 年以上的职工，请病假累计 4 个月以上的。”

另有几种特殊群体的年休假待遇需要强调。学校老师和教职员工属于比较特殊的群体，由于老师和教职员工每年都休寒暑假，根据《带薪年休假条例》第 4 条之规定，寒暑假多于年休假天数的不给年休假，但寒暑假期少于年休假天数的就应给予补足。也可以按照教师日工资收入的 300% 支付年休假工资。

退休返聘人员根据实际情况也享受带薪年休假。退休返聘人员是指达到退休年龄的劳动者，与原单位终止劳动合同后，又被原单位继续聘用而未享受退休养老待遇的，即未领取养老金的，此时其与用人单位的关系仍为劳动关系，依法应享受带薪年休假。

《职工带薪年休假条例》第 7 条规定，“单位不安排职工休年休假又不依照本条例规定给予年休假工资报酬的，由县级以上地方人民政府人事部门或者劳动保障部门依据职权责令限期改正；对逾期不改正的，除责令该单位支付年休假工资报酬外，单位还应当按照年休假工资报酬的数额向职工加付赔偿金；对拒不支付年休假工资报酬、赔偿金的，属于公务员和参照公务员法管理的人员所在单位的，对直接负责的主管人员以及其他直接责任人员依法给予处分；属于其他单位的，由劳动保障部门、人事部门或者职工申请人民法院强制执行。”

关键词：

职工在年休假期间，享受正常工作期间的工资报酬，对职工未休的年休假天数，应按该职工日工资的300％支付年休假工资。

8. 用人单位怎样支付职工的加班加点工资？

加班费是劳动者在正常工作时间之外的劳动报酬。具体来说，加班是指劳动者在与用人单位约定的工作时间外，在法定休假日和公休日期间，向单位提供的劳动，如在春节、五一、十一等放假期间继续给用人单位劳动的，就属于加班。

加点是指劳动者在与用人单位约定的每天的工作时间外，继续额外付出的劳动，如劳动者本应在下午5点下班，但因工作需要等特殊情况，加班到晚上9点，就属于加点。

那么，用人单位应当怎样支付加班费呢？工资中的哪些项目应当计入加班费的计算基数呢？

职场案例：

苟宝在2006年经人介绍到某电表厂上班，并签订了3年期的劳动合同，其工资标准为每月基本工资800元，绩效工资1400元，每月按工作量的比例发放工资。2008年7月，单位为加快提货量，安排苟宝连续加班46个小时。单位领导跟苟宝约定，除正常支付工资2200元之外，再另支付加班工资300元。苟宝认为自己在7月份除正常工作外，加班两个整天，还另加了20多个小时，就给300元加班费，感觉太少。苟宝找到领导要求加付加班费，但领导以事先约定为由未予理睬，苟宝于是申请了劳动仲裁。

劳动仲裁委员会审理认为，电表厂按照劳动合同约定的基本工资部分计算加班工资，符合相关法律规定，驳回了苟宝加班工资的请求。

这是一起因用人单位支付加班费的数额而引发的劳动争议案件。

实践中，用人单位支付给劳动者的工资结构包含多个项目，其中包括基本工资、岗位工资、工龄工资、绩效工资、交通补贴等。而在计算加班费时，用人单位往往以基本工资作为计算基数，基本工资以外的部分都不计入。《劳动法》第44条规定，“有下列情形之一的，用人单位应当按照下列标准支付高于劳动者正常工作时间工资的工资报酬：（一）安排劳动者延长工作时间的，支付不低于工资的百分之一百五十的工资报酬；（二）休息日安排劳动者工作又不能安排补休的，支付不低于工资的百分之二百的工资报酬；（三）法定休假日安排劳动者工作的，支付不低于工资的百分之三百的工资报酬。”我们从中可以看出，法律规定，加班工资是按照工资的一定倍数进行计算的。原劳动部《关于贯彻执行〈中华人民共和国劳动法〉若干问题的意见》第53条规定，“劳动法中的‘工资’”“一般包括计时工资、计件工资、奖金、津贴和补贴、延长工作时间的工资报酬以及特殊情况下支付的工资等。”所以，用人单位仅以基本工资作为加班费的计算基数是错误的，还应当包括奖金、津贴和补贴。当然，如果双方在劳动合同中约定以基本工资作为加班工资的计算基数也是符合法律规定的。本案中，苟宝事先已与单位约定得非常明确，故在单位支付加班费时，按照相关法律规定以及合同的约定计算，如果苟宝和厂里仅约定工资标准为2200元，没有其他详细划分，那么就应当按照2200元作为计算基数。也就是说，劳动合同没有约定工资数额的，应当以实际发放的工资作为加班的计算基数。原劳动部《关于贯彻执行〈中华人民共和国劳动法〉若干问题的意见》第55条规定，“劳动法第四十四条中的‘劳动者正常工作时间工资’是指劳动合同规定的劳动者本人所在工作岗位（职位）相对应的工资。”

还有一种情况是，劳动者在工作日加班和法定休假日加班，用人单位安排补休而不予支付加班费。实践中，常有用人单位在劳动者要求支付加班工资时予以拒绝，而给劳动者安排补休，劳动者因为不了解法律规定，以为用人单位安排补休未违反法律规定而接受这种处理方式。法定休假日加班，用人单位必须依法支付300%的加班工资，不允许补休或串休，这是法律的强制性规定，用人单位不得违反。

关键词：

劳动者只要在8小时以外被安排了工作就属于加班加点，加班加点工资应当按月支付给劳动者本人。法定休假日安排加班应支付300%的加班费。

9. 用人单位怎样支付职工的病假工资？

病假工资不同于正常的工资，为了保护职工的身体健康，使职工生病时能够得到适当的治疗和休养，国家专门规定了职工生病的医疗期。原劳动部《企业职工患病或非因工负伤医疗期规定》（劳部发〔1994〕479号）第2条规定，“医疗期是指企业职工因患病或非因工负伤停止工作治病休息不得解除劳动合同的时限。”该文件第3条规定，“企业职工因患病或非因工负伤，需要停止工作医疗时，根据本人实际参加工作年限和在本单位工作年限，给予三个月到二十四个月的医疗期：（一）实际工作年限十年以下的，在本单位工作年限五年以下的为三个月；五年以上的为六个月。（二）实际工作年限十年以上的，在本单位工作年限五年以下的为六个月；五年以上十年以下的为九个月；十年以上十五年以下的为十二个月；十五年以上二十年以下的为十八个月；二十年以上的为二十四个月”。

职场案例：

郑丽于2007年11月19日与某日用品有限公司建立劳动关系，双方签订了10年期的劳动合同，每月工资6800元。2016年1月，郑丽因患病休病假至11月30日，上班后，公司即通知郑丽解除劳动合同。郑丽于2016年12月27日向劳动人事争议仲裁委员会申请仲裁，要求支付病假工资差额5900元，支付解除劳动合同的经济补偿58100元。因对劳动仲裁裁决不服，郑丽又起诉至法院。

法院经审理认为：我国法律法规对职工患病所享受的医疗期已有明确规定，根据规定，“职工疾病或非因工负伤连续休假在6个月以内且连续工龄满8年以上的，企业按劳动者工资的100%支付病假工资；职工疾病或非因工负伤连续休假在6个月以上且连续工龄满3年以上的，企业按劳动者工资的60%支付疾病救济费；用人单位与劳动者无任何约定，病假工资的计算基数统一按劳动者所在岗位正常出勤工资的70%确定”，一审法院最终判决某日用品有限公司向郑丽支付2016年1月至11月30日期间的病假工资差额5969元，支付解除劳动合同的经济补偿金58100元。

原劳动部《关于贯彻执行〈中华人民共和国劳动法〉若干问题的意见》第59条规定，“职工患病或非因工负伤治疗期间，在规定的医疗期间由企业按有关规定支付其病假工资或疾病救济费，病假工资或疾病救济费可以低于当地最低工资标准支付，但不能低于最低工资标准的80%。”但本条中的“有关规定”是什么并未说清楚。本案一审法院判决所适用的法律法规，笔者一直往前查找，属于法律法规范畴的，可能是原劳动部《中华人民共和国劳动保险条例实施细则修正草案》（部分失效）。该文件第16条规定，“工人职员疾病或非因工负伤停止工作连续医疗期间在六个月以内者，根据劳动保险条例第十三条乙款的规定，应由该企业行政方面或资方按下列标准支付病伤假期工资：本企业工龄不满二年者，为本人工资百分之六十；已满二年不满四年者，为本人工资百分之七十；已满四年不满六年者，为本人工资百分之八十；已满六年不满八年者，为本人工资百分之九十；已满八年及八年以上者，为本人工资百分之一百。”该文件一直都没有被明文废除，但实践中已很少适用该法规，还是得依靠地方法规和文件进行实务操作。在本文开头，笔者已对职工患病应享受的医疗期的规定进行了解释，职工患病期间的病假工资是与工龄挂钩的，而原劳动部《关于贯彻执行〈中华人民共和国劳动法〉若干问题的意见》第59条只是对职工病假工资作出的兜底性条款。现实中，企业职工休病假所获得的病假工资并非法律规定的最低工资的80%，因为企业大都将职工在休病假期间的工资待遇在劳动合同或规章制度中进行了约定。法定的病假工资只规定了劳动者患病的最低保障，如果用人单位对此有相关规定或者与劳动者有约定，而规定或约定的标准高于法定标准时，应该按照单位的规定或者双方的约定来执行病假工资。

企业职工在生病时，单位除应给予医疗期以外，还应当支付职工在医疗期间的工资。对于工资基数，依照有关规定，病假工资以本人的工资为计算基数。上海市则允许通过劳动合同、集体合同约定病假工资基数：上海市人力资源和社会保障局《上海市企业工资支付办法》（沪人社综发〔2016〕29号）第9条规定，“企业安排劳动者加班的，应当按规定支付加班工资。劳动者在依法享受婚假、丧假、探亲假、病假等假期期间，企业应当按规定支付假期工资。加班工资和假期工资的计算基数为劳动者所在岗位相对应的正常出勤月工资，不包括年终奖，上下班交通补贴、工作餐补贴、住房补贴，中夜班津贴、夏季高温津贴、加班工资等特殊情况下支付的工资。加班工资和假期工资的计算基数按以下原则确定：

（一）劳动合同对劳动者月工资有明确约定的，按劳动合同约定的劳动者所在岗位相对应的月工资确定；实际履行与劳动合同约定不一致的，按实际履行的劳动者所在岗位相对应的月工资确定。（二）劳动合同对劳动者月工资未明确约定，集体合同（工资专项集体合同）对岗位相对应的月工资有约定的，按集体合同（工资专项集体合同）约定的与劳动者岗位相对应的月工资确定。（三）劳动合同、集体合同（工资专项集体合同）对劳动者月工资均无约定的，按劳动者正常出勤月依照本办法第二条规定的工资（不包括加班工资）的 70% 确定。加班工资和假期工资的计算基数不得低于本市规定的最低工资标准。法律、法规另有规定的，从其规定。”

北京市规定企业应当根据劳动合同或集体合同的约定支付病假工资。《北京市工资支付规定》（北京市人民政府令第 142 号）第 21 条规定，“劳动者患病或者非因工负伤的，在病休期间，用人单位应当根据劳动合同或集体合同的约定支付病假工资。用人单位支付病假工资不得低于本市最低工资标准的 80%。”

而原劳动部《关于贯彻执行〈中华人民共和国劳动法〉若干问题的意见》第 59 条规定的病假工资或疾病救济费可以低于当地最低工资标准支付，但不能低于最低工资标准的 80%。

关键词：

职工在住院治疗期间享受医疗费用报销和病假工资两项待遇。

病假工资可以低于当地最低工资标准是法律作出的兜底性条款，并非规定按此标准支付病假工资。

10. 用人单位怎样支付职工的提成工资？

所谓的提成工资是劳动报酬的一种特殊支付方式，是用人单位根据经营利润和劳动者的实际工作业绩向劳动者支付的考核工资，但它也是用人单位经常采用的逃避最低工资制度的又一违法手段。实际工作中，一些用人单位以底薪加提成的形式对劳动者支付工资报酬，很多劳动者辛辛苦苦地工作，最终拿到的劳动报酬却远低于最低工资标准。那么职工拿到的提成款，是否属于工资呢？

职场案例：

钟淑芹于2009年12月到某炼铁厂从事销售工作，签订了3年期的劳动合同，每月基本工资600元，合同约定，按业务提成结算工资。钟淑芹每月要完成6万元的销售额才能提成3%。如果完不成销售额，公司就只发基本工资。钟淑芹经过努力，完成了上半年的基本销售额，但到下半年，尤其是最后3个月，货款拖欠严重，离基本销售额还差很多，所以单位就一直未向钟淑芹支付提成工资。将近半年，每月只有600元收入，钟淑芹有点抗不住了，同事提醒钟淑芹找单位领导提前发工资，当钟淑芹找到单位时，领导却说合同不是写清楚了吗？客户不支付货款就没有提成工资。钟淑芹无奈申请劳动仲裁。

劳动争议仲裁委员会经审理认为，炼铁厂不支付最低工资违反了《劳动法》的相关规定，裁决炼铁厂向钟淑芹支付未完成销售基数的4个月最低工资标准的工资共计2740元。

这是一起因用人单位无故拖欠职工工资而引起的劳动争议案件。

工资是指用人单位依据国家有关规定或劳动合同的约定，以货币形式支付给本单位劳动者的劳动报酬。《关于工资总额组成的规定》（中华人民共和国国家统计局令第1号）第6条第3项规定，计件工资“按营业额提成或利润提成办法支付给个人的工资。”《最低工资规定》（中华人民共和国劳动和社会保障部令第21号）第12条第2款规定，“实行计件工资或提成工资等工资形式的用人单位，在科学合理的劳动定额基础上，其支付劳动者的工资不得低于相应的最低工资标准。”

本案中的用人单位某炼铁厂与劳动者在合同中约定，工资按照销售额和货款回收情况发放，未确定工资发放标准，钟淑芹在法定工作时间内提供了正常劳动，但获得的劳动报酬尚未达到最低工资标准，炼铁厂必须支付钟淑芹未完成销售基数的4个月的最低工资，且不能低于当地最低工资标准。现实中，许多销售企业都对业务员采取基本工资加提成的工资分配方式，为的是鼓励业务员多做业绩，完成更多的业务。提成款是业务员在完成一定推销业务的基础上对其超额部分的奖励，属于业务员所享有的基本工资以外所应得的劳动报酬。企业即使实行底薪加提成的形式也要支付最低工资。

根据原劳动部《关于贯彻执行〈中华人民共和国劳动法〉若干问题的意见》第56条的规定，“在劳动合同中，双方当事人约定的劳动者在未完成劳动定额或承包任务的情况下，用人单位可低于最低工资标准支付劳动者工资的条款不具有法律效力。”所以，即使本案中的钟淑芹没有完成销售的定量任务，炼铁厂也应当按照当地的最低工资标准支付最低工资。至于劳动合同中约定的底薪加提成的条款，因违反法律规定，应属无效约定。笔者在这里重点提示劳动者，因提成款发生的纠纷亦属于劳动争议纠纷，因提成协议是用人单位与劳动者在劳动合同之外另行签订的有关提成款的协议，从性质上来说，属于劳动合同的附件。根据《最低工资规定》（中华人民共和国劳动和社会保障部令第21号）第12条第2款，提成制度或者提成协议的有关内容，不得违反国家关于最低工资制度的强制性规定。因此，用人单位和劳动者签订提成协议后，用人单位应当按照协议约定向劳动者给付基本工资及提成款。因此，如果是因用人单位未按期或未足额向劳动者支付提成款而产生的纠纷，属于劳动争议的范畴。对于提成款的主张存在举证责任问题。按照《最高人民法院关于审理劳动争议案件适用法律若干问题的解释》第13条的规定，“因用人单位作出的……减少劳动报酬……而发生的劳动争议，用人单位负举证责任。”

关键词：

工资是个总额的概念，包括计时工资、计件工资、奖金、津贴和补贴、加班加点工资以及特殊情况下支付的工资。企业实行底薪加提成的工资也要支付最低工资；业务提成款也属于工资范畴。

11. 用人单位怎样支付大学生实习期间的工资？

大学生实习就是身份转换的开始，岗前实习的本质就是去工作。许多大学生或多或少都有过实习经历，而在实习期间，干的都是最苦最累的，得到的却是最低的，甚至分文没有，有的甚至还要向单位付实习费。尽管实习大学生都不看重实习期间的工资待遇，但是这部分收入对于还没有正式步入社会、还没有独立生活来源的大学生来说也是宝贵的。但可恶的是，一些用人单位利用大学生这种心理，将实习零工资作为骗取免费劳动的机会。那么，实习大学生究竟能不能拿报酬呢？答案是肯定的。但这里有个最关键的问题是，大学生到用人单位实习，一定要签订用工协议，并在协议中明确相关内容，尤其是劳动报酬的数额以及支付方式等。这样，一旦在实习期间发生意外伤害，用人单位将负有赔偿责任。

职场案例：

机械电子专业的高尚在大三下学期结束后，按照学校的要求进行实习。已超过19岁的高尚于2016年5月到某机械制造有限公司实习，并签订了一份实习协议，期限为4个月，协议中约定，公司每月支付他实习报酬

1600 元。但就在最后一个月，高尚在操作机床过程中将左手弄伤，住院治疗花去将近 2 万元，实习单位全部支付。经鉴定构成 10 级伤残。但在后续的赔偿问题上，实习单位与学校发生了意见分歧，经多次协商未能达成协议后，高尚将实习单位和学校起诉到了法院，要求赔偿医药费、残疾赔偿金、精神损害赔偿金等共计 8.9 万元，高尚的代理人认为，高尚在实习期间，由实习单位安排工作，并支付一定数额的劳动报酬，且受实习单位的管理，双方已签订用工协议，应认定双方的劳动合同合法有效，实习单位应对高尚的伤残负有赔偿责任。法院经审理同意代理人的意见，经过多次耐心细致的调解，最终达成调解协议，实习单位和学校共计赔偿高尚 8 万元。

这是一起大学生因实习引发事故造成伤害获得赔偿的典型案例。

《职业学校学生实习管理规定》第 12 条第 1 款规定，“学生参加跟岗实习、顶岗实习前，职业学校、实习单位、学生三方应签订实习协议。”该文件第 13 条规定，“实习协议应明确各方的责任、权利和义务……顶岗实习的实习协议内容还应当包括实习报酬及支付方式。”

长期以来，不少在校大学生选择临时到校外实习打工，既参加了社会实践、积累了工作经验，又可以减轻家庭经济负担。但很多大学生在实习期间与单位发生纠纷后，常常会遇到投诉无门的问题，而多数大学生在讨薪无果后，都会选择放弃维权、自认倒霉。

原劳动部《关于贯彻执行〈中华人民共和国劳动法〉若干问题的意见》第 12 条规定，“在校生利用业余时间勤工助学，不视为就业，未建立劳动关系，可以不签订劳动合同。”从这条规定可以看出，法律并不禁止用人单位与在校生之间签订劳动合同。所以，从保护大学生这一特殊群体利益的角度考虑，这些实习的大学生在到单位实习时，应当与实习单位签订实习协议，对工作内容、工作时间、劳动报酬等进行约定，以防日后发生纠纷没有处理依据。至于未毕业大学生与用人单位签订的劳动合同是否有效的问题，笔者将在第五篇进行详细阐述。

所谓的实习零工资，就是求职者不向单位索取任何报酬而提供劳动的一种用工现象。从法律角度讲，大学生实习零工资不合法。因为实习大学生，尤其是即将毕业的大学生年龄早已超过 18 周岁，已具备了《劳动法》规定的劳动者的主体资格，而实习单位同样具备用人单位的主体资格。本案中，高尚在实习单位的管理之下提供劳动，所做的工作同其他员工一样，其主要属于单位的业务组成部分，双方签订的实习协议符合劳动合同的主体特征，理应受到法律的保护，实习单位已按协议约定向高尚每月支付 1600 元生活费，应视为支付劳动报酬。《职业学校学生实习管理规定》第 17 条规定，“接收学生顶岗实习的实习单位，应参考本单位相同岗位的报酬标准……合理确定顶岗实习报酬……并按照实习协议约定，以货币形式及时、足额支付给学生。”根据上述法律规定，实习协议即为劳动合同，《职业学校学生实习管理规定》对“职业学校学生实习，实习单位应当支付劳动报酬”作出了明确的规定，该文件第 2 条规定，“本规定所指职业学校学生实习，是指实施全日制学历教育的中等职业学校和高等职业学校学生”。

关键词：

大学生到用人单位实习应当签订实习协议，协议书双方各执一份。协议中应明确各方的责任、权利和义务，还应明确实习报酬，并以货币形式及时足额支付给学生。

12. 用人单位怎样支付职工的年终奖金?

年终奖是企业在年终时对劳动者发放的一次性奖金，是工资的组成部分。年终奖的发放标准、时间由用人单位自主确定。

首先我们应当明确，奖金属于劳动报酬范围，是劳动者工资的一部分。尽管奖金的发放存在多种形式，如月度奖、季度奖、半年奖或年终奖等，但奖金发放形式的不同并不能改变奖金属于工资的属性。

《国家统计局〈关于工资总额组成的规定〉若干具体范围的解释》第2条规定了奖金的范围，“（一）生产（业务）奖包括超产奖、质量奖、安全（无事故）奖、考核各项经济指标的综合奖、提前竣工奖、外轮速遣奖、年终奖（劳动分红）等。”年终奖属于奖金范畴，而奖金属于劳动者的劳动报酬，年终奖是计入工资总额的，故年终奖就是工资。

原劳动部《关于贯彻执行〈中华人民共和国劳动法〉若干问题的意见》第53条规定，“劳动法中的‘工资’是指用人单位依据国家有关规定或劳动合同的约定，以货币形式直接支付给本单位劳动者的劳动报酬，一般包括计时工资、计件工资、奖金、津贴和补贴、延长工作时间的工资报酬以及特殊情况下支付的工资等。”根据该条规定，年终奖金属于工资。

那么，职工如果在年中离职，还能拿到年终奖吗？

职场案例：

任杏在2006年进入某信息服务公司工作，2008年8月离职。2009年1月，公司发放上一年度的年终奖，前同事告知任杏，认为任杏也应当拿到至少一半的奖金。任杏于是向公司提出要求，但公司并不同意给付其年终奖，同时拿出一份《年终奖评审发放办法》。该办法规定，年终奖金的发放范围是发放时在册的职工。公司认为，任杏不属于年终奖发放时在册的职工，单位可以拒绝向其发放年终奖。但任杏认为，本人在2008年已工作了8个月，理应得到年终奖。况且在工作期间从未听说过公司还有如此《年终奖评审发放办法》，该办法未经民主程序制定，况且双方也未在劳动合同中约定年终奖的性质，因此不接受单位的处理决定。任杏遂向劳动争议仲裁委员会申请劳动仲裁。劳动争议仲裁委员会经审理认为，申请人任杏在上一年度工作了8个月，应在年终奖的发放范围内。该公司制定的《年终奖评审发放办法》未告知劳动者，更未进行通知和公示，该公司也未能举证证明本案争议的年终奖金不属于法律规定的工资范畴。故劳动争议仲裁委员会裁决信息公司向任杏给付8个月的年终奖。

这是一起因用人单位扣发职工年终奖而引发的劳动争议案件。

根据该信息服务公司制定的《年终奖评审发放办法》第1条，年终奖发放的对象必须是发放时在册的员工，也就是说，在发放年终奖前离职的员工不能享受年终奖。但单位的内部规定制度有效的前提是必须符合法律规定，自从《劳动合同法》实施后，对用人单位内部制定、修改或者决定有关涉及劳动者切身利益的规章制度要求更加严格。《劳动合同法》第4条第4款规定，“用人单位应当将直接涉及劳动者切身利益的规章制度和重大事项决定公示，或者告知劳动者。”这样规定的目的是使劳动者知悉其具体内容。规章制度制定后，如果没有对劳动者进行公示或告知，对劳动者就不产生法律效力，劳动者有权不予执行。如果用人单位根据这些规章制度对劳动者进行管理和处罚，劳动者有权向劳动仲裁机构申请仲裁。本案中的信息服务公司制定的《年终奖评审发放办法》涉及职工重大利益，因此应当经过职工代表大会或者全体职工讨论提出方案和意见，与工会或者职工代表平等协商确定。本案提示用人单位，为了保证单位制定的内部规章制度能够具有法律上的效力，务必要将这些规章制度进行公示，让每一位职工都知道该规章制度，并且还要让员工在规章制度的文本上签字，以作为告知员工这些规章制度内容的证据。

没干满一年的职工究竟应不应该发放年终奖呢？笔者在这里给你一个肯定的答案，即提前离职的职工也要发放部分年终奖。其实，年终奖是企业自主设定的福利，国家并没有强制性规定，但如果企业在规章制度里约定或承诺有年终奖，就不能不给，而且是不能只给单独一人或一部分人。

因为年终奖包含产假和法定休假日，所以提前离职的职工也应该拿到一定比例的年终奖。如果用人单位在规章制度和劳动合同中有明确规定年终奖的数额，那么离职的职工就应得到相应的年终奖。如果劳动合同和规章制度都未规定年终奖，但事实上已发年终奖，用人单位也必须向离职劳动者发放。《劳动法》第46条第1款规定，“工资分配应当遵循按劳分配原则，实行同工同酬。”只要劳动合同中约定了年终奖或是用人单位已制定发放年终奖的具体办法，对于新进入单位未满一年的劳动者确已付出劳动的，用人单位也必须按约定或比例向其发放年终奖。

用人单位推迟发放年终奖属于拖欠职工工资的行为，除按规定或约定发放年终奖金外，还应支付经济补偿金。现在，有部分企业将年终奖的发放时间延期，有的最晚延长到第二年下半年，使年终奖变成了年中奖。由于年底是职工跳槽最为频繁的时期，很多员工只要一拿到年终奖就会立即跳槽，导致用人单位人员断档，影响企业的正常运作，而用人单位把年终奖变成年中奖，就是为了防止部分员工拿钱跑路，达到留人的目的。

但《劳动法》第50条规定，“工资应当以货币形式按月支付给劳动者本人。不得克扣或者无故拖欠劳动者的工资。”《劳动合同法》第38条第1款第2项规定，用人单位“未及时足额支付劳动报酬的”，劳动者可以解除劳动合同。原劳动部《违反和解除劳动合同的经济补偿办法》（劳部发〔1994〕481号）第3条规定，“用人单位克扣或者无故拖欠劳动者工资的，以及拒不支付劳动者延长工作时间工资报酬的，除在规定的时间内全额支付劳动者工资报酬外，还需加发相当于工资报酬百分之二十五的经济补偿金。”

关键词：

年中离职的劳动者也要发放年终奖；推迟发放年终奖属于拖欠劳动者工资的违法行为，必须依法补发并应支付经济补偿金。

第四篇

疑难问题专题解答

为了帮助广大劳动者掌握和运用劳动法律规范，当您为在实际中遇到疑难问题，又很难找到正确的答案和准确的说法而感到迷惘和疑惑时，请您翻开《全指引》，本书将有针对性地对这些游戏法律且游走在法律边缘的法律问题进行相关的专业背景知识介绍并进行深层次的法理剖析，尽量做到内容丰富、问题实用、解答准确。尤其对重点的法律概念和法律条文以通俗的语言进行解读，使读者能够从对这些疑难问题的分析和阐述中，知悉自己在遇到相类似的事件时应该怎样捍卫自己的合法权益，在自身权益受到侵害时能有据可查、据理力争，使读者在维权的过程中，既能获得应得的赔偿，又能学到相关的法律知识。

1. 大学生“就业协议”和劳动合同是否一样?

我们首先要弄明白什么是就业协议、就业协议和劳动合同是否一样?大学生就业协议是用人单位与学校之间，就大中专毕业生的接收安排问题达成的协议，也称三方协议，是“全国普通高等学校毕业生就业协议书”的简称，是应届毕业生在第一次就业时签署的协议，是由学生本人、学校和用人单位三方签订的，它主要解决应届毕业生的户籍、档案、保险、公积金等一系列问题；它是学校统计就业率的重要参考，学校根据就业协议转递毕业生档案。对于毕业生来说，三方协议是由学校作为见证，毕业生与用人单位签订的一份意向性协议，它不能代替劳动合同，只是毕业生到用人单位报到的依据。签了三方协议并持报到证到就业单位报到后，毕业生即可与用人单位签订劳动合同。三方协议的作用仅限于对学生就业过程的约定，用人单位正式接收毕业生后，三方协议就自行终止。毕业生到用人单位报到后，一定要尽快与用人单位签订劳动合同，将协议中约定的劳动报酬、合同期限、福利待遇等写进劳动合同中，以保障自身的合法权益。那么，应届毕业生签订就业协议后，能否随意毁约或改变就业单位呢?

职场案例:

2008年3月，翔飞计算机有限公司（下称翔飞公司）到某大学招聘软件开发人员，该校计算机系应届毕业生夏某通过考试，很快就被翔飞公司聘用并签约，双方签订了两份协议，即劳动协议书和聘用协议书。劳动协议书中约定，夏某须在一周内到用人单位报到，否则应承担违约责任。聘用协议书中规定，双方自本协议签订后，夏某不得再与其他单位签订聘用合同，否则须赔偿翔飞公司20000元，并另外支付违约金5000元。如翔飞公司不接收夏某，应向夏某赔偿20000元。然而，直到2008年9月中旬，夏某仍未到翔飞公司报到。

后经了解，夏某早已到另一家公司报到上班，10月，翔飞公司通过律师向夏某致函，要求夏某履行协议，否则，将通过法律途径解决问题。而直到12月，翔飞公司也没有得到夏某的任何回应，随即将夏某起诉至法院，要求赔偿损失，并支付违约金。

法院经审理认为，原、被告之间自愿签订的劳动协议书和聘用协议书，是双方当事人的真实意思表示，双方均应按照协议约定履行。被告夏某的行为违反了法律，应承担赔偿责任。法院判决夏某赔偿翔飞公司20000元。

本案是由应届大学毕业生违反劳动协议引起的劳动争议纠纷案件。

《劳动法》第17条第2款规定，“劳动合同依法订立即具有法律约束力，当事人必须履行劳动合同规定的义务。”本案中的夏某与翔飞公司签订的劳动协议和聘用协议是双方自愿协商达成的，协议的内容也没有违反法律规定，因此，该协议对双方均具有约束力。夏某违反了协议中约定的内容，应当承担赔偿责任。本案中的翔飞公司具有很强的法律意识，在劳动协议不能明确聘用关系的情况下，又与毕业生签订了一份补充协议，使双方的聘用关系有了清楚的约定，为日后发生纠纷提供了处理依据。但在现实中有很多和夏某一样的应届毕业生不懂得相关的法律规定，所以，签了劳动协议书后最好不要再签补充协议。劳动协议书就是法律意义上的劳动合同。《劳动法》第16条规定，“劳动合同是劳动者与用人单位确立劳动关系、明确双方权利和义务的协议。建立劳动关系应当订立劳动合同。”根据该条规定，劳动协议书就是劳动合同书，凡劳动关系双方的权利、义务，均可在该协议中加以约定，没必要再签补充协议，该协议完全可以将工作内容、劳动报酬、社会保险等进行详细约定，因为《劳动合同法》对于劳动合同应当具备的条款进行了全面、具体的确定，规范双方的权利义务，而不必通过补充协议进行约定。刚毕业的大学生还不具备防范和鉴别补充协议的内容是否公平合法的能力，容易掉进用人单位设置的陷阱。

《劳动合同法》实施后，用人单位不得与劳动者约定由劳动者承担违约金，故法院并未支持翔飞公司有关违约金的诉讼请求。

一句话说法：

按照《劳动合同法》第25条的规定，“除本法第二十二条和第二十三条规定的情形外，用人单位不得与劳动者约定由劳动者承担违约金。”在用人单位和劳动者的劳动合同约定中，严格限定了违约金的约定条件，规定单位只有在培训服务期和竞业限制这两种情形下，才能约定违约金。

2. 职工在“试用期”内的工资是否可以低于最低工资标准？

试用期，也称考察期，是指用人单位与劳动者之间在劳动合同中约定的考察期。劳动合同约定试用期，一方面可以维护用人单位的利益，为用人单位找到合适的劳动者；另一方面也可以维护劳动者的权益，使劳动者有机会了解用人单位的劳动条件、劳动报酬等是否符合自己的要求。然而这一特殊阶段却成了很多用人单位堂而皇之地使用廉价劳动力的借口。用人单位利用一些人不懂法，在试用期上大做文章。比较常见的做法有，试用期期间不与劳动者签订劳动合同、不为劳动者交保险、劳动报酬过低、随意解雇，等等。那么，试用期期间，劳动者应该怎样维权呢？

职场案例：

车朴大学毕业后，于2009年7月被某外贸公司招聘为销售代表。公司通知车朴，准备与其签订1年期的劳动合同，试用期4个月，试用期工资每月1400元，转正后每月工资1800元，车朴当场就签订了劳动合同。工作1个多月后，车朴听说《劳动合同法》规定，合同期限1年以上不满3年的，试用期不得超过两个月。车朴感觉权益受到了侵害，遂向公司提出缩短试用期的要求，经理答复，全公司员工都是4个月试用期，不能更改。车朴立即申请劳动仲裁，劳动争议仲裁委员会根据《劳动合同法》的规定，裁决外贸公司与车朴的试用期变更为两个月。

这是一起因试用期约定违法而引发的劳动争议案件。

为了保护劳动者的权益，《劳动合同法》对试用期进行了严格限制，《劳动合同法》第19条第1款对试用期的法定范围作出了具体规定，"劳动合同期限三个月以上不满一年的，试用期不得超过一个月；劳动合同期限一年以上不满三年的，试用期不得超过二个月；三年以上固定期限和无固定期限的劳动合同，试用期不得超过六个月。"本条针对实践中用人单位滥用试用期、试用期过长的问题作出了有针对性的规定。《劳动部办公厅对〈关于劳动用工管理有关问题的请示〉的复函》（劳办发〔1996〕5号）第3条对试用期作了如下定义，"试用期是用人单位和劳动者建立劳动关系后为相互了解、选择而约定的不超过六个月的考察期。"

在本案中，外贸公司与车朴签订的劳动合同期限为1年，根据《劳动合同法》的规定，双方约定的试用期不得超过两个月，而该外贸公司却在劳动合同中约定了4个月的试用期，已超过法律限制，违反了法律规定，侵犯了车朴的合法权益。故劳动仲裁委员会裁决，缩短两个月的试用期。

实践中，还有很多用人单位对劳动者先试用，满意后再签劳动合同，这种做法是严重违法的。《劳动部关于实行劳动合同制度若干问题的通知》（劳部发〔1996〕354号）第3条对约定试用期的期限进行了限定："按照《劳动法》的规定，劳动合同可以约定不超过六个月的试用期……试用期包括在劳动合同期限中。"《劳动合同法》第19条第4款规定，"试用期包含在劳动合同期限内。劳动合同仅约定试用期的，试用期不成立，该期限为劳动合同期限。"试用期是劳动合同内容中当事人双方约定的一项条款，约定试用期应当在劳动合同签订的同时进行，不能签订只有试用期的合同，也不能在合同签订后再约定试用期。劳动合同期限是劳动合同的必备条款，只有具备了劳动合同的期限才能约定试用期。也就是说，约定试用期的前提是必须先签订劳动合同，并且有明确的劳动合同期限。"先签试用期合同，再签劳动合同"这样分两步走的行为是不符合现行法律规定的。

还有很多用人单位在试用期内不为劳动者缴纳社会保险费，认为试用期内劳动关系不稳定，劳动者可能随时离职，缴纳社保只能给用人单位增添麻烦。《劳动法》第72条规定，"用人单位和劳动者必须依法参加社会保险，缴纳社会保险费。"劳动关系一旦建立，用人单位就应当依法为劳动者缴纳社会保险，这是法律作出的强制性规定。试用期并非独立于劳动关系外的特殊期，用人单位在试用期内拒绝为劳动者办理社会保险的行为严重违法，劳动者可以向劳动行政执法部门投诉。

另外在现实中，大家对试用期期间的劳动报酬应如何确定也比较关心。《劳动法》仅规定"试用期最长不得超过六个月"，并未规定试用期内劳动者的工资标准。劳动者在试用期内获得的劳动报酬非常低，严重损害了劳动者的权益。更有一些用人单位规定，劳动者在试用期离职的，公司不予支付工资，使试用期变成了白干期、廉价期。为了保护劳动者的合法权益，《劳动合同法》第20条规定，"劳动者在试用期的工资不得低于本单位相同岗位最低档工资或者劳动合同约定工资的百分之八十，并不得低于用人单位所在地的最低工资标准。”《劳动合同法》规定了三个“不低于”原则，如果本单位相同岗位最低档工资或者劳动合同约定工资的 80% 与用人单位所在地的最低工资标准三者不一致时，则应取其最高档确定试用期工资。如果用人单位不依法执行试用期工资规定，劳动者可以解除劳动合同。法律规定，劳动者在试用期内享有对合同的任意解除权，《劳动合同法》第 37 条规定，“劳动者在试用期内提前三日通知用人单位，可以解除劳动合同。”

本条从保护劳动者利益的角度出发，赋予了劳动者单方解除劳动合同的权利。劳动者在试用期内，如发现用人单位的实际情况与订立劳动合同时所介绍的实际情况不符，或者发现自己不适合从事该工作，以及存在其他不能履行劳动合同的情况，劳动者无须任何理由，即可通知用人单位解除劳动合同。但应提前 3 天通知用人单位，以便用人单位安排人员接替其工作。

一句话说法：

劳动者在试用期内，只需提前 3 天通知用人单位即可随时解除劳动合同，用人单位应按照劳动者的实际工作天数支付工资。

根据《劳动合同法》的规定，只要建立劳动关系，不管是否在试用期内，用人单位均应为劳动者缴纳社会保险费。

3. 未签书面劳动合同的劳动者能否实行“同工同酬”？

同工同酬是指用人单位对于从事相同工作、付出等量劳动且取得相同业绩的劳动者，应支付同等的劳动报酬。同工同酬应具备三个条件，一是劳动者的工作岗位、工作内容相同，二是在相同的工作岗位上付出了与别人相同的工作量，三是同样的工作量取得了相同的工作业绩。但在实际中，实行同工同酬却存在举证难的问题，从事相同工作容易举证，但付出等量劳动且取得相同劳动业绩却不容易举证。所谓同工同酬，就是指对熟练程度相同的劳动者且是同工种、同岗位，不分其性别、年龄差别，只要付出了同等数量、同等质量的劳动就应支付同等的劳动报酬。即使是同单位不同用工形式的职工，只要提供了相同的劳动，都应给予同等待遇。《劳动法》关于工资待遇的基本原则是“工资分配应当遵循按劳分配原则，实行同工同酬”。但劳动法并未规定正式工与临时工的区别，也未规定男职工与女职工的差别，只要是在同工种、同岗位，即使是在同单位的不同岗位且付出的劳动大体相当，都应得到相同的工资报酬。

《劳动合同法》第 11 条规定，“用人单位未在用工的同时订立书面劳动合同，与劳动者约定的劳动报酬不明确的，新招用的劳动者的劳动报酬按照集体合同规定的标准执行；没有集体合同或者集体合同未约定的，实行同工同酬。”

职场案例：

2008 年 7 月，于庆英大学毕业后应聘到某国有建筑安装有限公司从事会计工作，并签订了劳动合同，成为一名正式职工。同校的邓文田也被该单位招聘为财务人员，但小邓就没有于庆英那么幸运，由于国有企业正式工名额有限，尽管也被聘用，但用人单位一直未与他签订书面劳动合同。于庆英进公司后，每月工资 2300 元，而邓文田只有 1400 元。尤其到年底发放年终奖时，工作业绩更好的邓文田只有 1000 元，而公司却发给于庆英 12000 元。邓文田对此十分气愤，遂于 2009 年 1 月提起劳动仲裁，请求裁决用人单位支付年终奖金 11000 元，补发工资差额 5400 元，支付双倍工资 8400 元，支付赔偿金 2250 元，支付经济补偿金 1400 元，合计 28450 元。劳动仲裁委员会经过审理，依法支持了邓文田的全部仲裁请求。

这是一起因同工不同酬而引起的劳动争议案件。

用人单位未在用工的同时订立书面劳动合同，发生劳动报酬不明确的争议时，新招用的劳动者的劳动报酬应当按照集体合同规定的标准执行。没有集体合同或集体合同对于劳动者的劳动报酬规定不明确时，用人单位应当依据本单位与其相同岗位、付出相同劳动、取得相同业绩的劳动者的工资标准，向劳动者支付劳动报酬。

原劳动部办公厅在《对〈关于临时工等问题的请示〉的复函》（劳办发〔1996〕238号）中指出，"《劳动法》施行后，所有用人单位与职工全面实行劳动合同制度，各类职工在用人单位享有的权利是平等的。"也就是说，从1995年《劳动法》颁布生效之日起，劳动者的身份再也没有区别了。该公司如此对待邓文田就是一种就业歧视。《就业促进法》第26条规定，"用人单位招用人员、职业中介机构从事职业中介活动，应当向劳动者提供平等的就业机会和公平的就业条件，不得实施就业歧视。"在国有企业中，同一科室的临时工与正式工大都从事相同的工作，临时工的工作量甚至远超正式工，但由于身份不同，工资待遇才有如此大的反差。

该公司之所以败诉，主要原因是与劳动者建立劳动关系后，不依法签订书面劳动合同。2008年的《劳动合同法》实施之后，用人单位必须与劳动者签订书面劳动合同，否则将对用人单位进行处罚。《劳动合同法》将超过1个月不满1年的事实劳动关系作为一种违法状态来追究法律责任。规定用人单位应当向劳动者每月支付两倍的工资。按照《劳动合同法》第10条第1款的规定，"建立劳动关系，应当订立书面劳动合同。"如果用人单位违反法律规定，拒不与劳动者订立书面劳动合同，且与劳动者约定的劳动报酬不明确，用人单位应当承担如下法律责任。

《劳动合同法》第82条第1款规定，"用人单位自用工之日起超过一个月不满一年未与劳动者订立书面劳动合同的，应当向劳动者每月支付二倍的工资。”该建筑安装公司不与邓文田签订劳动合同是违法的，必须承担上述法律责任。《劳动部原关于贯彻执行〈中华人民共和国劳动法〉若干问题的意见》第17条规定，“用人单位与劳动者之间形成了事实劳动关系，而用人单位故意拖延不订立劳动合同，劳动行政部门应予以纠正。用人单位因此给劳动者造成损害的，应按劳动部《违反〈劳动法〉有关劳动合同规定的赔偿办法》（劳部发〔1995〕223号）的规定进行赔偿。”在本案中，建筑安装公司与邓文田建立了劳动关系，依法有义务在自用工之日起1个月内签订书面劳动合同。然而，从用工之日起长达半年之久，该建筑安装公司一直未履行签订书面劳动合同的法定义务，违反了法律的强制性规定、侵犯了邓文田的合法权益。建筑安装公司因此应承担民事赔偿责任，故还应当支付赔偿金。

同工同酬应当是付出同样的劳动能够获得大致相当的劳动报酬。原劳动部办公厅《关于〈劳动法〉若干条文的说明》第46条解释说，“本条中的‘同工同酬’是指用人单位对于从事相同工作，付出等量劳动且取得相同劳绩的劳动者，应支付同等的劳动报酬。”“‘同工同酬’是一个原则，是相对的，不是绝对的，即使是同一工作岗位的劳动者，也有资历、能力、经验等方面的差异，劳动报酬有一些差别，只要大体相同，也不违反同工同酬原则。”①

一句话说法：

同工同酬是指用人单位对于在技术和劳动熟练程度等各方面均相同的劳动者，在从事同种工作时，不分性别、年龄等差别，只要提供相同的劳动，就应获得相同的劳动报酬。

---

① 信春鹰：《中华人民共和国劳动合同法释义》，法律出版社2007年版，第37页。

4. 职工的“辞职申请”与解除劳动合同通知是否相同？

笔者在此郑重提醒：劳动者在向用人单位提出辞职时一定要以书面形式向单位递交解除劳动合同通知书，且要提前30天，而非通常所说的辞职申请、辞职报告、辞职信等。那么，辞职申请与解除劳动合同通知是否相同呢？劳动者提前30天向用人单位提出辞职申请，劳动合同是否必然解除呢？实践中常有劳动者向用人单位提出辞职，用人单位却不批准，如果劳动者坚持辞职，用人单位就不发工资，甚至还有要求劳动者支付违约金的情况。

《劳动部办公厅关于劳动者解除劳动合同有关问题的复函》（劳办发〔1995〕324号）规定，“按照《劳动法》第三十一条的规定：‘劳动者解除劳动合同，应当提前三十日以书面形式通知用人单位’。劳动者提前三十日以书面形式通知用人单位，既是解除劳动合同的程序，也是解除劳动合同的条件。劳动者提前三十日以书面形式通知用人单位，解除劳动合同，无需征得用人单位的同意。超过三十日，劳动者向用人单位提出办理解除劳动合同的手续，用人单位应予以办理。”劳动者只要履行了提前30日通知的义务，解除劳动合同就不必征得用人单位的同意，用人单位不批准的，劳动者同样可以离职。但这要看你提前30日向单位递交的是解除合同通知还是辞职申请。

职场案例：

于永丰于2008年到某电器有限公司工作，2009年2月，双方签订了5年期限的劳动合同。2011年10月，于永丰向该电器有限公司递交辞职申请，但未得到单位批准。2012年4月1日，于永丰再次向单位以书面形式提出辞职申请，申请内容为：因单位管理制度不合理，特申请辞职，望批准。该电器有限公司收到于永丰的辞职申请后，书面答复：不予准许。但于永丰从此离开单位，再未上班。2012年底前，该电器有限公司先后两次书面通知于永丰回单位上班，但于永丰收到通知后，根本就不理睬。该电器有限公司于2012年11月1日，以于永丰违反单位规章制度连续旷工超过半年为由，对于永丰作出除名决定。于永丰认为自己于2012年4月向单位第2次提出辞职申请，单位虽未予同意，但根据法律规定，劳动者只要提前30天书面通知用人单位解除劳动合同，劳动者即可解除劳动合同，故自己于2012年4月30日就已解除劳动关系，公司还对自己作出处理于法无据。笔者在此提醒大家，大多数劳动者都犯了和于永丰同样的错误——大多数劳动者在辞职时，提前30天向用人单位递交的是辞职申请。这里需要说明的是，辞职申请并不等同于解除劳动合同的书面通知。

本案是由于辞职申请与解除劳动合同通知不规范引起的案件。

《劳动法》第31条规定，“劳动者解除劳动合同，应当提前三十日以书面形式通知用人单位。”《劳动合同法》第37条规定，“劳动者提前三十日以书面形式通知用人单位，可以解除劳动合同。”根据该条规定，劳动者提前30天书面通知解除劳动合同是劳动者单方面解除劳动合同的权利的行使，并不需要用人单位的同意，只要劳动者提前30日将解除劳动合同的书面通知交给用人单位，30日后劳动合同即行解除。该条规定了劳动者可以无理由提前书面通知单位解除合同，因此也就无需递交书面申请。而辞职申请是一个要约行为，是向用人单位提出协商解除劳动合同，如果单位不同意，劳动合同并不必然解除。由此可以看出，解除劳动合同的书面通知和辞职申请是两个不同的概念，二者的含义和法律后果均不相同。劳动者提前30天书面通知用人单位的内容应是解除劳动合同，而非解除劳动合同的申请，因为劳动者有权利在劳动合同期限内单方面解除劳动合同，劳动者在行使单方面解除权时，不需要征得别人的同意。因此，无需递交解除劳动合同申请。

本案中，于永丰于2011年10月向公司递交的是辞职申请，而不是解除劳动合同的书面通知，所以，公司有权在收到辞职申请之日起30天内不批准于永丰的辞职申请。公司在收到于永丰的辞职申请后，作出不予批准的书面答复，那么于永丰与公司的劳动合同就仍然有效，双方仍将继续履行合同约定。而于永丰自递交辞职申请后，就再未到单位上班，严重违反了单位的规章制度，以及《劳动法》的规定。公司根据《劳动法》第25条的规定，以于永丰无故旷工为由，对其作出除名决定的做法符合法律规定。由于劳动者相对于用人单位而言始终处于弱势地位，为保护劳动者的权益，法律赋予了劳动者单方解除劳动合同的权利，还有一点劳动者应当注意，如果单位不签收《解除劳动合同通知书》，劳动者怎么办？实践中出于证据的需要，劳动者需将《解除劳动合同通知书》送达用人单位，根据笔者多年经验，如果用人单位拒绝签收，劳动者可以特快专递的方式送达，并且在特快专递详情单上注明内件物品为《解除劳动合同通知书》。如果用人单位还是拒绝签收该邮件，它是否仍有解除合同的效力呢？劳动者以第三方邮局送达的形式向单位提出解除劳动合同，且在邮件封面的详情单中已写明邮件的内容，因此，在单位拒收邮件的情况下，应视为单位已知道劳动者提出解除劳动合同的事实，完全可以证明劳动者已履行向用人单位告知解除劳动合同通知的义务，此时双方的劳动关系因劳动者提出解除而不再存续。在笔者近20年的法律援助案件中，此方法屡试不爽。

一句话说法：

劳动者提前30日通知用人单位解除劳动合同时，应注意用人单位是否为劳动者提供了专项培训费用对劳动者进行专业技术培训，是否又约定了服务期，如果存在这种情况，即使劳动者履行了提前30天的通知义务，仍须承担违约责任。请劳动者注意规避。

5. 用人单位与劳动者订立劳动合同，能否收取“抵押金”？

所谓押金、保证金，是用人单位在招聘员工或在签订劳动合同过程中，为防止劳动者日后在工作中给用人单位造成损失，不赔偿就不辞而别，利用自己的强势地位，要求劳动者提供担保或者向劳动者收取的一定数额的“风险抵押金”，并承诺在一定条件下全额退给劳动者。但在现实中，有相当部分企业所收的押金最终也没有返还给劳动者。还有一些不正规的中介机构，打着中介的幌子，巧立名目滥收费，如收取服装费、住宿费、电脑费、培训费等，变相获取“风险抵押金”。这些行为都是不合法的。单位收取抵押金具有一定的强迫性，劳动者为了能够得到一个工作岗位，只得无条件服从，招聘单位正是利用了劳动者的这一点。因此，这种收取押金、保证金的行为与《劳动法》中规定的建立劳动关系应当遵循的基本原则相违背。《劳动部关于严禁用人单位录用职工非法收费的通知》（劳部发〔1995〕346号）第3条明确规定，“对用人单位在录用职工时非法向劳动者个人收取费用的，应责令用人单位立即退还劳动者”。

职场案例：

吴为于2008年7月应聘到某制药厂工作，报到当天，制药厂经理告知吴为，必须先交6000元作为风险抵押金，否则不予签订劳动合同。为了尽快落实工作关系，吴为只能被动同意交上6000元抵押金。一个月后，双方签订了劳动合同，并将押金写进劳动合同中，合同约定，建立劳动关系满一年后将返还押金给吴为，如吴为在工作期间给单位造成损失，制药厂有权扣除风险抵押金。2009年10月，制药厂以吴为违反单位规章制度为由，决定解除与吴为的劳动关系。吴为同意解除劳动关系，但要求制药厂退还6000元抵押金，制药厂却拒绝返还。吴为于2009年12月向安海市劳动争议仲裁委员会申请仲裁，要求制药厂返还风险抵押金6000元，并赔偿利息损失。

劳动仲裁委员会很快作出裁决，支持吴为的仲裁请求，裁决制药厂返还吴为人民币6000元，利息损失900元。制药厂不服，诉至法院。

法院审理后认为：制药厂与吴为签订的劳动合同中关于向原告收取风险抵押金的条款，违反了国家有关劳动法的相关规定，应属无效约定。故应返还所收款项，并应赔偿相应的损失。判决被告制药厂返还原告吴为人民币6000元，并给付利息损失900元。

这是一起因用人单位收取劳动者押金而引起的劳动争议案件。

劳动仲裁和人民法院的裁判都是正确的。原劳动部《关于贯彻执行〈中华人民共和国劳动法〉若干问题的意见》第24条规定，"用人单位在与劳动者订立劳动合同时，不得以任何形式向劳动者收取定金、保证金（物）或抵押金（物）。对违反以上规定的，应按照……劳动部办公厅《对'关于国有企业和集体所有制企业能否参照执行劳部发〔1994〕118号文件中的有关规定的请示'的复函》（劳办发〔1994〕256号）的规定，由公安部门和劳动行政部门责令用人单位立即退还给劳动者本人。"《劳动合同法》第9条规定，"用人单位招用劳动者，不得扣押劳动者的居民身份证和其他证件，不得要求劳动者提供担保或者以其他名义向劳动者收取财物。"实践中，有的用人单位滥用强势地位，通过扣押劳动者的居民身份证或者其他证件，如暂住证、资格证书和其他证明个人身份的证件等，限制劳动者的合理流动。《劳动合同法》第84条第1款和第2款同时规定，"用人单位违反本法规定，扣押劳动者居民身份证等证件的，由劳动行政部门责令限期退还劳动者本人，并依照有关法律规定给予处罚。用人单位违反本法规定，以担保或者其他名义向劳动者收取财物的，由劳动行政部门责令限期退还劳动者本人，并以每人五百元以上二千元以下的标准处以罚款；给劳动者造成损害的，应当承担赔偿责任。”《劳动合同法》不仅明确规定了用人单位在招工时不得收取任何费用、不得扣押劳动者的任何证件，而且对于违反者还规定了处罚措施。这和《劳动法》以及原劳动部对招工收取押金的行为仅仅责令退还的规定相比，大大增加了处罚和制裁力度。

《就业促进法》第41条规定，“职业中介机构不得……扣押劳动者的居民身份证和其他证件，或者向劳动者收取押金”。职场上的这类案件实在是不胜枚举，有的用人单位在试用期就随便找个员工违规的理由，将员工辞退而不退还押金。在本案中，根据法律规定，该用人单位不得收取抵押金，制药厂与吴为签订的劳动合同中关于风险抵押金的内容，因其违法而无效，故法院判决用人单位全部返还风险抵押金并给付适当利息予以赔偿，是符合法律规定的。

一句话说法：

按照相关法律规定，用人单位和中介机构在招聘劳动者和签订劳动合同时，不得以任何理由向劳动者收取押金和保证金，更不得以任何借口扣押劳动者的身份证件。

6. 用人单位能否“单方调整”劳动者的工作岗位？

现实中，常有用人单位单方对劳动者的工作岗位进行调整，或者降低劳动者的工资待遇，大多数劳动者都有如此经历。一些用人单位在与劳动者签订劳动合同时，约定甲方有权根据公司的需要和乙方的工作表现随时调整乙方的工作岗位和劳动报酬。在这种情形下，企业能否对职工进行调岗呢？答案是不可以的。因为这一约定根本没有明确具体是在什么样的情形下企业可以调整职工岗位，而这种不明确的约定都不具有法律效力。企业不可仅凭一个约定就擅自调整职工的工作岗位。用人单位单方调整劳动者的工作岗位及工资待遇，属于变更劳动合同的范畴，《劳动合同法》第35条第1款规定，“用人单位与劳动者协商一致，可以变更劳动合同约定的内容。变更劳动合同，应当采用书面形式。”因此，双方在劳动合同履行过程中，随意调整劳动者的工作岗位、降低劳动者的工资待遇是不合法的。按照《劳动合同法》第17条的规定，工作内容及劳动报酬属于劳动合同的必备条款。《劳动合同法》第29条规定，“用人单位与劳动者应当按照劳动合同的约定，全面履行各自的义务。”因此，用人单位单方调整劳动者的工作岗位或降低劳动报酬属违法行为。

职场案例：

2010年7月12日，王有礼应聘到某酒店工作，双方签订的劳动合同约定，每月工资2800元。合同期限为3年，岗位是财务总监。在工作了半年后，酒店以不能胜任工作为由将王有礼调至厨房工作，工资也降到了每月1900元。王有礼对此十分气愤，与单位多次交涉无果后，便向劳动争议仲裁委员会申请仲裁。

劳动仲裁依法开庭进行审理。单位认为，调整职工岗位是用人单位的管理自主权，单位有权调整。仲裁委员会认为，酒店在未与职工协商一致的情况下，单方变更职工工作岗位和劳动报酬，违反了《劳动合同法》的有关规定，应当予以撤销。遂裁决撤销该酒店变更王有礼工作岗位和劳动报酬的决定，确认双方继续履行原劳动合同。

这是一起由企业对劳动者单方调岗降薪而引发的劳动争议案件。

《劳动合同法》第40条第3项规定，“劳动合同订立时所依据的客观情况发生重大变化，致使劳动合同无法履行，经用人单位与劳动者协商，未能就变更劳动合同内容达成协议的”，“用人单位提前三十日以书面形式通知劳动者本人或额外支付劳动者一个月工资后，可以解除劳动合同”。这里的“客观情况”是指履行原劳动合同所必要的客观条件，因不可抗力或出现致使劳动合同全部或部分条款无法履行的其他情况，而需要变更劳动合同的，须经双方当事人协商一致。因劳动者不能胜任工作而变更调整职工工作岗位，属于用人单位的自主权，用人单位可以调整其工作岗位，但用人单位必须有充分证据证明劳动者不能胜任工作，否则同样属于违法变更。所谓不能胜任工作，是指不能按要求完成劳动合同中约定的任务或者同工种、同岗位人员的工作量。对工作岗位的调整，只有在三种情况下，用人单位才有自主权利，一是客观条件发生重大变化，导致原合同无法履行，这时用人单位可以调整职工岗位，但需要双方协商一致才可以变更，二是变更工作岗位，双方应在平等自愿的基础上协商一致，三是劳动者确实不能胜任本岗位工作。

本案中的王有礼与酒店的法律地位是平等的，双方在合同订立后，都应严格遵守，不得任意违反。用人单位变更王有礼的工作岗位和劳动报酬，不符合法律规定，酒店作出的变更决定缺乏法律依据，劳动争议仲裁委员会撤销该决定的做法是正确的。用人单位的错误之处在于对用人单位调岗的自主权进行了扩大解释，使这一受到严格限制的权利变成了用人单位违法的借口。劳动合同中关于工作岗位和工资报酬的事项，涉及劳动者的切身利益，这些权利都是劳动法所保护的基本权利。用人单位调整劳动者的工作岗位，属于变更劳动合同的内容，不仅要符合法律规定，还要具备其合理性。用人单位自主管理权受《劳动法》和《劳动合同法》等法律规定的严格限制，法律机构对用人单位的这种自主管理权不仅要审查其合理性，而且也要审查其合法性。

用人单位调整劳动者工作岗位以及降低其工资报酬的最好解决途径是尽可能使双方就调岗变薪问题协商一致，并据此变更原有的劳动合同。如果双方不能协商一致，而企业又必须对职工调整岗位的，必须能证明其单方面调岗降薪具有充分的合理性。但这对用人单位来说是一个难点。

一句话说法：

用人单位单方调整职工工作岗位或者降低工资待遇属于违法行为，劳动者可以向劳动争议仲裁委员会申请仲裁，要求确认用人单位的单方变更行为无效。劳动者还可以用人单位克扣工资为由提出解除劳动合同，要求用人单位支付经济补偿金。

7. 用人单位实行“末位淘汰”是否合法？

笔者在此首先明确，“末位淘汰”的做法严重违法，“末位淘汰制”早该被淘汰。所谓“末位淘汰”，是指用人单位让所有职工参与竞争，然后通过某种形式的考核或者选拔后，对排名靠后或者末位的职工予以淘汰。“末位淘汰”在现实中已成为很多管理者惯用的手段，大多数管理者认为，它是企业的有效管理制度。《最高人民法院关于印发〈第八次全国法院民事商事审判工作会议（民事部分）纪要〉的通知》明确，“用人单位在劳动合同期限内通过‘末位淘汰’或‘竞争上岗’等形式单方解除劳动合同，劳动者可以用人单位违法解除劳动合同为由，请求用人单位继续履行劳动合同或者支付赔偿金。”最高法院民一庭负责人表示，“末位淘汰”与解除劳动合同之间不能等同，解除劳动合同必须依法进行。我国法律不允许用人单位与劳动者在劳动合同中约定以“末位淘汰”为由解除劳动合同，企业对考核中居于末位的员工进行淘汰，缺乏法律依据。

职场案例：

武有合大学毕业后，被某保健品公司招聘为推销员，劳动合同自2007年8月至2008年7月。每月固定工资为1200元，但工作人员的销售提成却相当可观，每人每月都能拿到提成款六七千元。武有合因刚参加工作，缺乏销售经验，每月只能拿比固定工资多一点的工资。工作了7个月后，公司出台了“末位淘汰”的规定，每月销售最后者将被辞退。基于前几个月的销售额一直排位靠后的事实，武有合非常担心，但又过了几个月，他的销售业绩仍没有起色，公司遂与他解除了劳动合同。

这是一个劳动者因考核排名最后被单位解除劳动合同的案例。

该公司辞退末位员工的做法，实质上是单方与员工解除劳动合同，是违反法律的行为。因为签订并履行劳动合同是企业和职工的双方法律行为，合同一经订立，就对双方当事人产生了法律约束力。在合同期限届满前，任何一方要想解除合同，都必须有法定或约定的理由。该公司以员工排在末位为理由解除合同，不符合法律规定，没有法律依据。《劳动合同法》第39条专门规定了用人单位解除劳动合同的具体情形，除非劳动者无法胜任工作，严重违反公司规章制度或给公司造成重大损失，否则用人单位不得任意解除与劳动者签订的劳动合同。《劳动合同法》第40条规定，“劳动者不能胜任工作，经过培训或者调整工作岗位，仍不能胜任工作的”，“用人单位提前三十日以书面形式通知劳动者本人或者额外支付劳动者一个月工资后，可以解除劳动合同”。该公司没有对排在末位的员工进行培训或调整工作岗位就解除劳动合同是违法的，员工排在末位，不等于员工不能胜任工作，如果劳动者不能胜任工作，单位首先要给予培训或者调整工作岗位，劳动者仍不能胜任工作的，单位才可以解除劳动合同，还要给予经济补偿。

“末位淘汰”是一种典型的强势管理，甚至是霸王作风，员工没有任何话语权，用人单位有绝对的权利，在这种环境下工作，员工的心理压力是相当大的，每日都惶恐不安，同事之间的关系也很紧张。有效的管理方式不仅仅是淘汰几个绩效不佳的员工那么简单，科学、有效的管理，应当最大限度地体现公平、合理，以人为本。法律的效力大于用人单位的内部规章制度：用人单位辞退员工只能依据法律，“末位淘汰”明显和劳动法的精神不符。劳动者由《劳动合同法》保护，不应受“末位淘汰”的挤压。

在现实生活中，用人单位与劳动者是一种雇佣与被雇佣的关系，在这种劳动关系中，用人单位处于主动地位。因此，用人单位往往可以很随意地按照自己的需要制定出一些管理规章制度，而劳动者也经常习惯性地遵守，却没有仔细考虑一下用人单位的规章制度是否合法，自己的合法权益是否受到侵害。因此，笔者提醒大家，不要认为公司的规定就是合理合法的，应当加强依法维权的意识，发现规章制度违法，就应勇敢地用法律的武器维护自己的权益。

一句话说法：

实践中，只有劳动者符合解除劳动合同的法定条件时，用人单位才可以按照法律规定的理由和程序解聘劳动者，否则不可以“末位淘汰”为由，滥用劳动合同解除权，侵犯劳动者的合法权益。

8. 用人单位的“规章制度”未经民主程序是否有效?

用人单位的劳动规章制度是指用人单位按照法定的程序制定的内部规章。用人单位在组织、管理生产活动中，常常会依据国家的法律法规结合本单位的实际，按照一定的民主程序制定出比较规范的、可供全体职工遵守的规章制度。但在现实中，一些用人单位的规章制度并非都是合法有效的，那么用人单位什么样的规章制度才合法有效，且可以作为处罚劳动者的依据呢？《劳动法》第4条规定，“用人单位应当依法建立和完善规章制度，保障劳动者享有劳动权利和履行劳动义务。”由此可见，用人单位依法建立的规章制度，既是用人单位的一项法定权利，也是一项法定义务。尽管规章制度是用人单位依法制定的，但并非任何规章制度都是有效的。由于规章制度是由单位制定并用来约束劳动者的，实践中关于某些规章的法律效力问题便成了许多劳动纠纷产生的原因和争议焦点。

职场案例：

吴立德于2012年3月与某商贸有限公司签订劳动合同。2013年4月，吴立德因到外地办事，向单位请假8天，但20天后才回来上班。单位认为吴立德已超过假期12天，属于无故旷工。根据单位规章制度的规定，无故旷工满10天的，给予除名处理并处标准工资15%的罚款。公司遂将处理决定通知吴立德。吴立德当即质问领导："单位什么时候有这样的规章制度？我们从来就没听说过还有这样的规章制度。"

这是一起因用人单位的规章制度违法而引发的劳动争议纠纷。

在分析本案之前，首先要明确，规章制度必须合法，包括内容合法和程序合法，并遵循公示原则。

《最高人民法院关于审理劳动争议案件适用法律若干问题的解释》第19条规定，"用人单位根据《劳动法》第四条之规定，通过民主程序制定的规章制度，不违反国家法律、行政法规及政策规定，并已向劳动者公示的，可以作为人民法院审理劳动争议案件的依据。"

许多企业的规章制度看似非常详尽完整，但在内容或程序方面却存在与法律规章制度的相悖之处，根据《劳动法》第89条的规定，"用人单位制定的劳动规章制度违反法律、法规规定的，由劳动行政部门给予警告，责令改正；对劳动者造成损害的，应当承担赔偿责任。"也就是说，用人单位制定的内部规章制度必须合法，这包括内容合法和程序合法，所谓程序合法是指规章制度的制定必须符合法律规定的程序，必须经过职工代表大会和全体职工大会及法律规定的其他民主形式通过。另外，规章制度还不得违反劳动合同和集体合同的约定。劳动合同是用人单位与劳动者就劳动权利和义务达成的协议，如果不违反法律、法规，一经订立就具有法律约束力。因规章制度是用人单位单方面制定的，单位不能通过规章制度单方面变更劳动合同的设定，即使规章制度由职工代表大会通过，如果与劳动合同冲突或者不一致，或者增加了劳动者义务，除非劳动者认可，否则无效。《劳动合同法》第 4 条第 2 款规定，“用人单位在制定、修改或者决定有关劳动报酬、工作时间、休息休假、劳动安全卫生、保险福利、职工培训、劳动纪律以及劳动定额管理等直接涉及劳动者切身利益的规章制度或者重大事项时，应当经职工代表大会或者全体职工讨论，提出方案和意见，与工会或者职工代表平等协商确定。”《劳动合同法》对于规章制度的“民主程序”进行了具体规定，规章制度的制定，修改需履行民主程序，经用人单位与职工代表大会或者全体职工讨论，提出方案和意见后平等协商确定。《劳动合同法》第 4 条第 4 款还规定，“用人单位应当将直接涉及劳动者切身利益的规章制度和重大事项决定公示，或者告知劳动者。”根据该条规定，用人单位制定的内部劳动规章应符合以下三点要件：首先是规章制度内容要合法，不能违反国家法律、行政法规及政策规定。其次是内部规章制度的制定必须经过民主程序，即经过职工代表大会或者全体职工讨论决定。最后是内部规章制度必须已经明确向劳动者公示。如果用人单位的规章制度能够满足这三点，就可以作为规范劳动者的依据。但还有一点劳动者应注意，即使单位内部规章制度符合以上三点，如果与劳动合同约定的内容不一致，劳动者也有权请求优先适用合同的约定。

《最高人民法院关于审理劳动争议案件适用法律若干问题的解释（二）》第 16 条规定，“用人单位制定的内部规章制度与集体合同或者劳动合同约定的内容不一致，劳动者请求优先适用合同约定的，人民法院应予支持。”该解释依法赋予了劳动合同和集体合同优先效力。确定劳动合同和集体合同的优先适用效力，主要目的是防止用人单位，特别是企业的经营管理者不正当行使劳动用工管理权，借少数人的民主侵害多数职工依法享有的民主权利。规章制度最关键的一点是必须先向劳动者公示然后才生效。公示原则是法律法规生效的基本要件，作为企业内部的规章制度，应当依法对其适用的人群进行公示。

《劳动合同法》第80条规定，“用人单位直接涉及劳动者切身利益的规章制度违反法律、法规规定的，由劳动行政部门责令改正，给予警告；给劳动者造成损害的，应当承担赔偿责任。”用人单位制定的直接涉及劳动者切身利益的规章制度违反法律法规规定的，其法律后果是：这样的规章制度不对劳动者产生拘束力，劳动者可以不予遵守。劳动者如果发现用人单位制定的规章制度违反法律法规规定，可向当地的劳动行政部门进行投诉，由劳动行政部门责令用人单位改正，并给予警告的行政处罚。如果违法的规章制度对劳动者造成损害，用人单位还应承担赔偿责任。

一句话说法：

如果用人单位以劳动者违反规章制度为由处罚职工或者解除劳动合同，劳动者在维权时应当重点审查，自己的违纪是否达到“严重情形”，因《劳动法》和《劳动合同法》都明文规定，劳动者严重违反用人单位规章制度，用人单位可以解除劳动合同。

9. 用人单位“拖欠工资”，劳动者可否直接起诉到法院？

拖欠工资是指用人单位无正当理由超过规定的付薪时间而未向劳动者支付工资的行为。如果用人单位无正当理由迟发劳动者应得的工资，就产生了拖欠工资的问题。也就是说，只要用人单位不在劳动合同规定的时间内支付工资即为拖欠劳动者工资。劳动者为用人单位提供劳动，用人单位按合同如约支付劳动报酬，这是天经地义的事情。但在实践中，用人单位拖欠劳动者工资的情形经常发生，严重影响了劳动关系的和谐和稳定。无故拖欠工资的用人单位应当承担相应的法律责任，原劳动部办公厅《关于〈中华人民共和国劳动法〉若干条文的说明》第91条规定，“用人单位有下列侵害劳动者合法权益情形之一的，由劳动行政部门责令支付劳动者工资报酬、经济补偿，并可以责令支付赔偿金：（一）克扣或者无故拖欠劳动者工资的”。根据《劳动法》第50条的规定，“工资应当以货币形式按月支付给劳动者本人。不得克扣或者无故拖欠劳动者工资。”原劳动部《违反和解除劳动合同的经济补偿办法》（现已失效）第3条规定，“用人单位克扣或者无故拖欠劳动者工资的，以及拒不支付劳动者延长工作时间工资报酬的，除在规定的时间内全额支付劳动者的工资报酬外，还需加发相当于工资报酬百分之二十五的经济补偿金。”这是对于用人单位无故拖欠职工工资作出的惩罚性规定，也是用人单位对被拖欠工资职工的补偿。

职场案例：

2009年10月8日，李德龙被某科技公司招聘为网络管理员，每月工资3800元，合同期限为两年，试用期一个月。2010年12月27日，该科技公司以李德龙“在年度考核中未达到合同工作要求、年终考核不合格”为由将李德龙辞退。但科技公司尚欠李德龙2010年11月、12月两个月工资7600元。2011年6月，李德龙向劳动争议仲裁委员会申请仲裁，要求公司支付拖欠的工资7600元，以及拖欠工资25％的经济补偿1900元，支付解除劳动合同的经济补偿5700元。劳动仲裁委员会经审理后作出裁决，支持李德龙的仲裁请求。科技公司不服该裁决，诉至法院，要求法院撤销劳动仲裁裁决书。法院经审理认为，科技公司应按时足额支付李德龙工资，李德龙要求科技公司给付拖欠工资及经济补偿符合法律规定，最终驳回科技公司的起诉。

本案是一起因用人单位拖欠职工工资引起的劳动争议案件。

《劳动合同法》第 30 条规定，“用人单位应当按照劳动合同约定和国家规定，向劳动者及时足额支付劳动报酬。用人单位拖欠或者未足额支付劳动报酬的，劳动者可以依法向当地人民法院申请支付令，人民法院应当依法发出支付令。”法律对劳动者获得劳动报酬的权利予以保护，但是随着劳动力过剩现象日趋严重，用人单位对劳动者拥有相对强势的用人决定权，从而导致单位拖欠职工工资的情形屡见不鲜。根据现行法律法规，用人单位拖欠工资将要承担严重的法律后果。《劳动合同法》第 38 条还规定，用人单位“未及时足额支付劳动报酬的”，“劳动者可以解除劳动合同”。并可依据原劳动部《工资支付暂行规定》(劳部发〔1944〕489 号)第 18 条，“由劳动行政部门责令其支付劳动者工资和经济补偿，并可责令其支付赔偿金”。

劳动合同是双方经协商一致并依法订立的，劳动报酬是劳动者因履行劳动义务而获得的，企业支付的工资主要由计时工资、计件工资、奖金、津贴和补贴、加班加点工资、特殊情况下支付的工资 6 个部分组成。工资是劳动者生活的主要来源，支付工资是企业的一项重要义务。根据相关法律规定，除企业确实遇到非人力所能抗拒的自然灾害、战争等，或生产经营确实出现困难、资金周转受到影响并征得本企业工会同意，这两种可以延期支付工资的情形外，在其他情况下拖欠工资均属无故拖欠。但存在以上两种情况的用人单位须举证证明其存在正当理由，否则须向劳动者支付 25%的经济补偿金。从本案来看，公司未能举证其拖欠李德龙工资存在正当理由，故还应支付拖欠工资 25%的经济补偿 1900 元。

为了制约企业无故拖欠劳动者工资的行为，《劳动合同法》第 30 条规定了用人单位拖欠或者未足额发放劳动报酬的，劳动者可以向当地人民法院申请支付令，人民法院应当依法发出支付令。这一规定为劳动者维护自己的合法权益提供了更为便捷的途径，削弱了企业试图拖欠劳动者工资的投机心理，通过法律强制手段迫使企业自觉依法办事，从而更为有力地规范了劳动合同关系。如果人民法院已向用人单位依法发出拖欠工资支付令，但用人单位仍不支付的，则属于恶意拖欠职工工资，已构成拒不支付劳动报酬罪。根据《中华人民共和国刑法》(以下简称《刑法》)第313条之规定，“对人民法院的判决、裁定有能力执行而拒不执行，情节严重的，处三年以下有期徒刑、拘役或者罚金。”《中华人民共和国刑法修正案（八）》第41条规定，“以转移财产、逃匿等方法逃避支付劳动者的劳动报酬或者有能力支付而不支付劳动者的劳动报酬，数额较大，经政府有关部门责令支付仍不支付的，处三年以上七年以下有期徒刑或者拘役，并处或者单处罚金；造成严重后果的，处三年以上七年以下有期徒刑，并处罚金。”因此，用人单位恶意欠薪且拒不支付劳动报酬已触犯刑法，是要被追究刑事责任的。

一句话说法：

用人单位未按照劳动合同的约定或者国家规定及时足额支付劳动者工资的，劳动者可以向劳动行政部门投诉，由劳动行政部门责令限期支付，逾期不支付的，用人单位应按应付金额50%以上100%以下的标准向劳动者加付赔偿金。

10. 用人单位解除劳动合同时是否要出具“书面证明”？

所谓书面证明是指用人单位在解除或终止劳动合同时应当依法向劳动者出具的解除或者终止劳动合同的证明，以便劳动者能够及时办理失业保险登记手续。证明书的作用就是在用人单位招用新的职工时，供新单位查验证明该职工与任何用人单位不存在劳动关系，以便新单位与其签订劳动合同。根据法律规定，用人单位解除或者终止劳动合同，应当在解除或终止劳动合同的同时出具解除或者终止劳动合同的书面证明。该证明书可以作为劳动者按规定应享受失业保险待遇和失业登记、求职登记的凭证。对于劳动者来说，与用人单位解除或者终止劳动关系的书面证明和与单位签订的书面劳动合同同样重要。因为法律对于失业的劳动者有特殊的保护，劳动者被解除或终止劳动合同失业后，可以享受失业保险待遇。但必须提供单位解除或者终止劳动合同的书面证明，否则劳动保障部门将不予办理失业保险待遇。因此，劳动者在离开用人单位时，一定要向用人单位索取解除或者终止劳动合同的书面证明。

职场案例：

汪杰夫大学毕业后，于2009年12月与某服装厂签订了两年期的劳动合同，合同约定汪杰夫的职位是销售总监。工作了半年多，汪杰夫对自己的工作环境和工资报酬都不是很满意，遂产生了跳槽的想法，于是他与单位通过协商一致解除了劳动合同。汪杰夫很快又到另一家国有企业应聘成功，但在与用人单位签订劳动合同时，新单位要求他出具与原单位解除劳动合同的证明。此时汪杰夫才知道原单位还应为他提供解除劳动合同的书面证明。由于无法证明自己已经与原单位解除劳动关系，新单位始终未与其签订劳动合同，为此，汪杰夫多次回原单位要求公司为其出具解除劳动合同的书面证明，但原单位均以各种理由敷衍了事。汪杰夫无奈之下到劳动行政部门进行投诉举报。

这是一个用人单位解除劳动合同后不出具书面证明的行政投诉案件。

《劳动合同法》第50条第1款规定，"用人单位应当在解除或者终止劳动合同时出具解除或者终止劳动合同的证明，并在十五日内为劳动者办理档案和社会保险关系转移手续。"

《劳动合同法实施条例》第24条规定，"用人单位出具的解除、终止劳动合同的证明，应当写明劳动合同期限、解除或者终止劳动合同的日期、工作岗位、在本单位的工作年限。”

上述法律规定了用人单位在解除或者终止劳动合同时的附随义务，也称后合同义务。所谓后合同义务，是指劳动关系消灭后，基于诚实信用原则的要求，双方当事人依法应负有的义务，即协助对方处理合同终了的善后事务的合同附随义务。根据上述法律规定，劳动合同解除或者终止后，用人单位的后合同义务是，为劳动者出具解除或终止合同的证明，在15日内为劳动者办理档案和社会保险关系转移手续，并办理经济补偿。这包括由用人单位或劳动者任何一方提出的解除或终止劳动合同，并且用人单位应在依法解除或者终止劳动合同的同时出具该证明。法律规定用人单位必须履行出具解除或者终止劳动合同证明的义务，主要是因为解除或者终止劳动合同的证明是劳动者办理失业登记并依法享受失业保险所必需的证明材料。1999年1月22日国务院颁布的《失业保险条例》第16条第1款规定，“城镇企业事业单位应当及时为失业人员出具终止或者解除劳动关系的证明，告知其按照规定享受失业保险待遇的权利，并将失业人员的名单自终止或者解除劳动关系之日起7日内报社会保险经办机构备案。”企业事业单位职工失业后，应当持本单位为其出具的终止或者解除劳动关系的证明，及时到社会保险经办机构办理失业登记，失业保险金自办理失业登记之日起计算。

另外，用人单位在录用新员工时，一般都会查看劳动者解除或者终止劳动合同的证明，说明劳动者已经与原单位解除了劳动关系。因此，《劳动合同法》规定用人单位应为劳动者提供解除或终止劳动合同的证明。《劳动合同法》第89条规定，“用人单位违反本法规定未向劳动者出具解除或者终止劳动合同的书面证明，由劳动行政部门责令改正；给劳动者造成损害的，应当承担赔偿责任。”《劳动合同法》的这一规定明确了用人单位应承担两种责任：一是用人单位违反《劳动合同法》第50条之规定，没有在解除或者终止劳动合同时向劳动者出具解除或者终止劳动合同的证明的，由劳动行政部门责令改正。二是用人单位的上述行为给劳动者造成了损害的，应承担赔偿责任。劳动者可以通过劳动行政部门和人民法院提出具体的赔偿请求。这里的赔偿是对劳动者实际损害的赔偿，既包括对劳动者直接损害的赔偿，也包括对劳动者间接损害的赔偿。本案中，汪杰夫与服装厂协商一致解除劳动合同后，公司以各种借口不为汪杰夫出具解除劳动合同证明，没有履行用人单位的法定义务，属于违法行为。汪杰夫投诉到劳动行政部门后，由劳动行政部门责令该公司为汪杰夫出具证明。

一句话说法：

用人单位应当在解除或者终止劳动合同时出具解除或者终止劳动合同的证明，以方便劳动者办理失业保险登记或在下一份工作要求时出具。用人单位违反《劳动合同法》规定未向劳动者出具该证明的，由劳动行政部门责令改正。

11. 用人单位“买断工龄”合法吗？

“买断工龄”的说法既不规范也不准确，这种做法充其量只是一种企业支付高额经济补偿、协商解除劳动合同的行为。职工与企业解除劳动合同，只是与原单位解除劳动关系，对职工以后的就业不产生任何影响。职工离开原单位后，可以被新的单位重新录用，法律规定的各项社会保险则由新单位继续缴纳，职工原有的工龄连续计算，达到退休年龄依法享受退休养老待遇。因此，职工的工龄根本“买不断”。

《劳动法》明确规定，企业必须与职工签订劳动合同，并依法参加社会保险，缴纳社会保险费；用人单位与职工解除劳动关系，劳动者也有权享受失业保险待遇。所以，劳动者的工龄也无须买断。但在现实中，有大量的用人单位通过协议约定的方式，与职工签订“买断工龄”协议，让劳动者的工龄归零，以规避签订无固定期限劳动合同，尤其对连续工作年限达到10年以上的劳动者签订协议书，并支付经济补偿，然后再通过劳务派遣公司重新签订劳动合同，对劳动者之前的工作年限进行买断。《劳动合同法》第14条规定，“劳动者在该用人单位连续工作满十年的”，“劳动者提出或者同意续订、订立劳动合同的”，用人单位“应当订立无固定期限劳动合同”。如用人单位与职工签订协议“买断工龄”，劳动者仍在该单位继续工作的，其工作年限仍在连续计算，根本无法买断。用人单位在协议书中约定“之前的工龄不予连续计算”违反法律规定，属于无效条款。

职场案例：

初琼于2009年毕业后，就被某国有企业聘用。工作还不到一年，企业就改为股份制，并大量裁减人员，同时制定企业内部文件向职工公示，按职工工作年限，一次性支付解除劳动合同的经济补偿金。按照文件规定，初琼也应该与企业办理“买断工龄”手续，但初琼通过咨询得知，企业的做法不合法，遂向劳动行政部门进行举报。

这是一起因用人单位买断职工工龄而引发的行政投诉案例。

这里首先要明确的是，“买断工龄”是法规政策明令禁止的，更是违法的。《劳动法》第16条和《劳动合同法》第10条均规定，建立劳动关系应当订立劳动合同，而《劳动合同法》进一步强调必须订立书面劳动合同。如果企业与职工解除劳动关系，即使职工不能迅速重新就业，也能享受各项社会保险待遇，而不存在离开单位就没人管的问题。劳动者即使签了这份所谓的“买断工龄”的违法协议，用人单位也将是徒劳的，因为劳动者的合法权利并未受到影响。

《劳动和社会保障部关于贯彻两个条例扩大社会保险覆盖范围加强基金征缴工作的通知》（劳社部发〔1999〕10 号）第 2 条规定，“任何单位都不能以‘买断工龄’等形式终止职工的社会保险关系。”国家经济贸易委员会、财政部、中国人民银行《关于出售国有小型企业中若干问题意见的通知》（国经贸中小企〔1999〕89 号）第 9 条强调，“确保企业职工合法权益不受侵犯。出售方应在申请出售前征求职工对出售方案和职工安置方案的意见。……任何部门和单位不得在企业出售中终止职工社会保险关系。不得借出售企业之机，违反国家有关规定对职工‘买断工龄’或为职工办理提前退休，把职工推向社会。”自从《劳动法》颁布实施后，我国基本建立了社会保障制度，故在实践中不应再发生“买断工龄”的违法行为。初琼所在的企业通过“买断工龄”的形式与其解除劳动关系，已经触犯了国家法律，劳动行政主管部门对该企业依法进行查处。

一句话说法：

“买断工龄”是改革开放初期一些国有企业在改革过程中安置富余人员的一种办法，但在现实中仍有个别企业违反法律规定，在企业改制中与职工签订“买断工龄”协议，转移职工的劳动关系。如果职工发现企业仍以这种形式解除劳动关系，应立即到劳动行政执法部门进行举报。

12. 用人单位辞退员工，未及时“转移档案”怎么办？

所谓职工档案是劳动部门根据工作需要以个人姓名保存的反映劳动者个人经历、身份、政治面貌、教育背景、培训经历等情况的文件材料。由于档案一般是由劳动者所在用人单位的人事部门统一保管的，实践中，许多用人单位在与劳动者终结劳动关系后，扣押劳动者档案或者其他证明文件，人为地给劳动者重新就业设置障碍。用人单位的行为有悖于劳动法律的相关规定，违反了用人单位在劳动关系终结时对劳动者应尽义务的法定规则。在劳动法律法规中，用人单位应对劳动者承担后合同义务，即劳动关系结束后，用人单位仍应作为的一定行为。《劳动合同法》对此作出了明确规定，同时对扣押职工档案或其他物品的，规定应当承担赔偿责任并受到行政处罚。

职场案例：

石长富与用人单位在2012年4月解除劳动关系后，单位一直没有转出他的档案，他因此无法领取失业保险金，更无法重新就业。石长富遂向当地劳动争议仲裁委员会申请仲裁，要求原单位为其办理档案转移手续，并承担因迟延转档而造成的损失。劳动仲裁依法立案并进行了开庭审理，劳动争议仲裁委员会认为，根据《劳动合同法》第50条的规定，公司应自解除劳动合同之日起15日内为石长富办理档案和社会保险关系转移手续。据此，劳动争议仲裁委员会裁决原公司自仲裁生效之日起7日内为石长富办理档案和社会保险关系转移手续。

这是一起因用人单位在解除劳动合同后未履行转移档案和社会保险关系义务而引发的劳动争议案件。

为了保护劳动者的利益，我国劳动法律特别规定，用人单位在解除或者终止劳动合同后应为劳动者履行一定的法律义务。《劳动合同法》第50条第1款规定，"用人单位应当在解除或者终止劳动合同时出具解除或者终止劳动合同的证明，并在十五日内为劳动者办理档案和社会保险关系转移手续。"本条规定用人单位为劳动者办理档案和社会保险关系转移手续是用人单位的一项法定义务，用人单位必须依法履行。对有关手续的办理规定了时间限制，即必须在依法解除或者终止劳动合同之日起15日内办理完毕，这是用人单位应当依法承担的法定义务。实践中，有的用人单位在解除或者终止劳动合同后，故意刁难劳动者，既不开具解除合同的证明，也不为劳动者办理档案转移手续，使劳动者无法领取失业保险待遇，并给重新就业造成很大麻烦。

对于用人单位的这些做法，《劳动合同法》第 84 条明确规定，“劳动者依法解除或者终止劳动合同，用人单位扣押劳动者档案或者其他物品的”，“由劳动行政部门责令限期退还劳动者本人，并以每人五百元以上二千元以下的标准处以罚款；给劳动者造成损害的，应当承担赔偿责任。”本条规定用人单位应当在解除或者终止劳动合同时出具解除劳动合同的证明，并在 15 日内为劳动者办理档案和社会保险关系转移手续，不得以扣押档案或者其他物品的方式对劳动者进行刁难和打击报复；对于违反这一规定的用人单位，本条第 3 款明确了其相应法律责任，劳动者依法解除、终止劳动合同，用人单位扣押劳动者档案或者其他物品的，由劳动行政部门责令用人单位限期将非法扣押的档案或者其他物品退还劳动者本人，按每一名劳动者 500 元以上 2000 元以下的标准处以罚款；对劳动者造成损害的，用人单位应当承担赔偿责任。

根据《劳动合同法》的规定，用人单位无权以任何理由扣留已离职员工的档案。用人单位在员工离职时，应当依法及时将员工个人档案转出。用人单位扣留劳动者的档案或让员工本人将档案带走都不符合《劳动合同法》的规定。档案对劳动者身份的确认和人生经历的证明都非常重要，用人单位虽然在劳动者工作期间保管劳动者的档案，但档案的所有权并不属于用人单位，在档案的处理上必须依法并尊重劳动者的权利。

本案中的石长富在与用人单位解除劳动关系后，根据《劳动合同法》第 50 条的规定，用人单位应在 15 日内为其办理档案和社会保险关系转移手续。而用人单位拒不履行自己的法定义务，违反了劳动法律的强制性规定，侵犯了石长富的合法权益。因此，劳动仲裁委员会裁决用人单位为其办理档案转移手续符合法律规定。

一句话说法：

劳动合同解除或终止后，劳动者有权要求用人单位办理档案和社保关系转移手续。用人单位拒不履行法定义务的，劳动者可投诉至劳动行政部门或提起劳动仲裁维权。

第五篇

特殊群体的劳动权益保护

怎样避免自己的权益受到侵害？运用法律手段预防和解决是唯一的有效途径。而大学生、农民工、劳务派遣工等，是特殊群体中受害最深，且人数最多、所涉领域最为广泛的。作为一名成年人的大学生，本身就没有经济来源，为了减轻父母的负担，许多即将毕业的大学生选择提前打工和兼职。但在求职过程中，不是被骗押金，就是被骗中介费，不但没有挣到钱，反而还损失数百元；更有大学生在用工单位一旦发生工伤事故，企业和学校互相推诿，既给大学生带来了经济上的损失，也造成了精神上的伤害。这一切的根源在于，大学生的身份始终处于模糊地带，这就给了一些唯利是图的用工者变本加厉地侵犯大学生等困难群体的合法权益的机会。本篇主要针对特殊群体的法律适用以及身份问题依法予以明确。

1. 未毕业的“大学生”与用人单位签订的劳动合同是否有效？

长期以来，凡是涉及在校大学生的纠纷，无论是实习还是就业，一旦大学生在企业受到伤害，往往不能按劳动关系处理。尽管企业都按规定给予了赔偿，法院也支持了在校生的诉求，表面上看大学生的权益得到了很大程度的维护，但这里存在一个极大的误区，就是：在校大学生和用人单位之间是否存在具备劳动关系的主体资格？法律界人士一致倾向于双方之间属于劳务关系。笔者在这里给出一个准确的界定，即将毕业的大学生与用人单位之间属于劳动关系。我国法律规定，劳动者的劳动年龄始于16周岁，止于60周岁。而在校大学生早已超过了18周岁且是具备完全民事行为能力的人，当他们在与用人单位建立劳动关系时，其签订的劳动合同当然合法有效。大学生只是个代名词，并不代表其特定的身份，大学生一旦迈出校门，他就是一个公民、一名劳动者。《宪法》第33条第2款、第3款和第4款规定，“中华人民共和国公民在法律面前一律平等，国家尊重和保障人权。任何公民享有宪法和法律规定的权利，同时必须履行宪法和法律规定的义务。”

近年来，即将毕业的大学生与用人单位签订劳动合同后，用人单位以“大学生未领毕业证，仍是学生，不具备劳动关系主体资格”为由否定合同效力的情形较为常见。在此情况下，双方签订的劳动合同是否有效，直接关系到即将毕业大学生的合法权益。如果确定劳动合同有效，则双方为劳动关系，发生纠纷后可适用《劳动法》和《劳动合同法》的相关规定，更有利于保护劳动者的合法权益。原劳动部《关于贯彻执行〈中华人民共和国劳动法〉若干问题的意见》第4条规定，“公务员和比照实行公务员制度的事业组织和社会团体的工作人员，以及农村劳动者（乡镇企业职工和进城务工、经商的农民除外）、现役军人和家庭保姆等不适用劳动法。”该规定并未将即将毕业的大学生包括在内。即将毕业的大学生因在高校已完成或基本完成学业，属于适格的劳动关系主体。因此，即将毕业的大学生与用人单位建立劳动关系应当不受限制，这既是落实国家促进就业政策的需要，也是保障劳动者合法权益的需要。故，即将毕业的大学生与用人单位签订的劳动合同有效[①]。

确定在校生与用人单位可以建立劳动关系的理由是，法律并没有将大学生排除在外。原劳动部《关于贯彻执行〈中华人民共和国劳动法〉若干问题的意见》第12条规定，“在校生利用业余时间勤工助学，不视为就业，未建立劳动关系，可以不签订劳动合同。”该条规定仅适用于在校生勤工助学的行为。是否建立劳动关系，应当审查双方的主体是否适格，作为符合法律主体资格的用人单位招用已超过18周岁未毕业的大学生，双方所建立的关系正是劳动关系。至于可以不签订劳动合同，当然也可以签订劳动合同，从保护大学生利益的角度考虑，大学生勤工助学时应尽量与用人单位签订劳动合同，就工作性质、工作时间、劳动报酬、工作内容等问题达成协议。实践中，有些用人单位利用大学生的社会经验不足，侵犯他们的合法权益，如果大学生能在打工时与用人单位达成一个书面协议，就能较好地维护自己的合法权益。该条规定并未禁止在校大学生不可以与用人单位签订劳动合同，我们还有什么理由将大学生排除在外、否定在校生的劳动权利、推定在校生不具备劳动关系主体资格？也就是说，法律没有限制学生身份的人作为劳动者加入劳动力群体，关键要看他是否达到法定的劳动

① 《中华人民共和国劳动法、中华人民共和国劳动合同法：实用问题版》，法律出版社2016年版，第80页。

年龄，如果超过18周岁未毕业的大学生与用人单位签订的劳动合同，劳动合同就是合法有效的，就应受到法律的保护。《劳动合同法》第10条规定，“建立劳动关系，应当订立书面劳动合同。”大学生与用人单位双方均符合法律规定的主体资格，必须依法签订劳动合同。即使未签订劳动合同，双方之间所产生的基本法律事实也是法律上的劳动关系。不要人为地将大学生分离于劳动法律之外。一直以来，大学生与用人单位之间因实习期间发生工伤事故、未按工伤处理的案件实在是太多了，这完全背离了《劳动法》的立法宗旨，尤其是《劳动合同法》实施以后，除公务员和参照实行公务员法的用人单位以外，其他用人单位和劳动者均适用《劳动合同法》，将游离于《劳动法》之外的劳动者全部纳入《劳动合同法》的调整范围，这就是《劳动合同法》的立法目的。故，大学应届毕业生与用人单位在用工之前签订的劳动合同，其劳动关系自用工之日起就已建立。所以，未毕业大学生在用人单位实习期间发生意外伤害就是工伤，就应按照劳动法律法规的相关规定和《工伤保险条例》的规定处理。

下面请看一个案例：

刘放于2016年6月在某医学院修完所学专业，还差7个多月就要毕业，就等着拿毕业证书了。经同学介绍，他来到中医院做起临时协助医疗工作，医院安排刘放协助主治医生进行写病历、开处方等工作。同年6月8日下午，全院进行卫生大清扫。刘放在医务室擦玻璃时，不慎从3楼窗口摔了下去，经抢救治疗，刘放的生命已保住，但几乎伤成植物人，刘放的父亲到医院看望后，要求认定为工伤，而中医院以刘放是实习生为由认为这不属于工伤，刘放家属随即申请仲裁，后又诉至法院。

法院经审理认为：刘放在即将毕业之前到用人单位实习，双方虽然未签劳动合同，但刘放已超过18周岁，符合《劳动法》规定的劳动者主体资格，故，刘放与医院之间属于事实劳动关系。法院判决刘放受到的伤害属于工伤。

这是一个用人单位侵害大学生劳动权益的典型案例。

本案刘放的伤害是在工作时间、工作场所、因工作原因受到的，符合一般应当认定工伤的条件，争议在于刘放在实习期间与医院是否形成劳动关系，如果属于劳动关系，则应认定为工伤，如果未形成劳动关系，就不在工伤保险赔偿的范围内，当然就不能被认定为工伤。

对实习期间是否构成劳动关系，实践中存在不同的认识，但实习人员也是在向用人单位提供劳动，从内容上看完全符合劳动关系的主体特征。《劳动合同法》第7条明确规定，“用人单位自用工之日起即与劳动者建立劳动关系。”刘放已经完成学业、正式参加工作，且早已超过18周岁，符合劳动关系的主体资格。《工伤保险条例》第2条规定，“中华人民共和国境内的企业、事业单位、社会团体、民办非企业单位、基金会、律师事务所、会计师事务所等组织和有雇工的个体工商户（以下称用人单位）应当依照本条例规定参加工伤保险，为本单位全部职工或者雇工（以下称职工）缴纳工伤保险费。”上述用人单位的职工“均有依照本条例的规定享受工伤保险待遇的权利。”

《职业学校学生实习管理规定》规定，“学生参加跟岗实习、顶岗实习前，职业学校、实习单位、学生三方应签订实习协议。协议文本由当事方各执一份”，“顶岗实习的实习协议内容还应当包括实习报酬及支付方式。”该文件明确要求学生顶岗实习必须签订实习协议，以明确各自责任、权利和义务，并对实习协议的基本内容作出规定。所以，在校大学生实习应当签订实习协议并获取劳动报酬已不再存在任何争议。按照《职业学校学生实习管理规定》第36条之规定，“学生在实习期间受到人身伤害”，“由实习单位、职业学校及学生按照实习协议约定承担责任。”

本案中，刘放到医院实习，与医院形成了事实劳动关系，属于《工伤保险条例》第2条和《职业学校学生实习管理规定》第36条的调整范围，刘放的实习单位应当承担赔偿责任。

一句话说法：

在校大学生属于适格的劳动关系主体，与用人单位建立的劳动关系不受限制，实习单位应当依法与其签订劳动合同，以明确双方的权利和义务。

2.“农民工”与用人单位建立劳动关系也受《劳动法》调整吗？

农民工到底受不受《劳动法》保护？一直以来都存在争议。实践中，大多数农民工被相关部门当皮球踢来踢去，加上农民工本身的法律观念不强以及劳动关系与劳务关系间长期存在的人为划分，使得农民工维权的难度加大，其合法的劳动权益难以得到保障。

我们通常所说的外来务工人员主要包括两类人员，一类是具有城市户口的城市居民，即离开户口所在地到异地就业的人员；另一类是进城务工、与用人单位建立劳动关系的农村剩余劳动力，即农民工。

笔者在此明确，农民工作为劳动法律关系上的一方主体，当他们与用人单位发生劳动争议纠纷时，应当适用《劳动法》。也就是说，农民工属于《劳动法》的保护对象，这一点必须明确和肯定。《劳动和社会保障部办公厅关于农民工适用劳动法律有关问题的复函》（劳社厅函〔2003〕180号）明确指出，“凡与用人单位建立劳动关系的农民工（包括农民轮换工），应当适用《劳动法》。发生工伤事故的，应适用《企业职工工伤保险试行办法》（劳部发〔1996〕266号）。”由于农民工与用人单位建立的劳动关系，与其他职工与其用人单位所建立的劳动关系并没有实质上的区别，因此同样受到《劳动法》的调整和保护。

职场案例：

农民工范同从1994年就开始到某水泥厂工作，2001年双方才签订书面劳动合同，合同期限至2003年12月31日，合同到期后再未续签。范同在工作期间，单位未为其缴纳社会保险。2006年4月，范同向劳动争议仲裁委员会申请仲裁，要求水泥厂支付其养老保险、失业保险待遇等35000元。劳动仲裁委员会裁决水泥厂支付范同养老保险9951元，失业保险待遇2640元。水泥厂不服仲裁裁决，认为相关规定并未强制用人单位为农民工缴纳社会保险，且范同的请求已超过诉讼时效，用人单位未为农民工缴纳社会保险的问题应上社会保险稽核科处理，故诉至法院，要求确认水泥厂无须支付范同的养老保险、失业保险待遇。法院经审理后认为，用人单位应依法为员工办理社会保险，现该水泥厂未为范同缴纳社会保险，应按相关规定对范同予以赔偿。故驳回水泥厂的起诉，维持仲裁裁决。

这是一起用人单位侵犯农民工合法权益的典型案例。

原劳动部《关于贯彻执行〈中华人民共和国劳动法〉若干问题的意见》第4条规定，“公务员和比照实行公务员制度的事业组织和社会团体的工作人员，以及农村劳动者（乡镇企业职工和进城务工、经商的农民除外）、现役军人和家庭保姆等不适用劳动法。”也就是说，农民工进城务工后就是一名劳动者，在其与用人单位形成的劳动关系中享有《劳动法》规定的全部劳动权利。因此，受《劳动法》调整的农民工与其用人单位之间的关系属于劳动关系而非劳务关系。农民工在工作中享有平等就业和选择职业的权利，国家保障所有的劳动者都有权参加劳动和选择职业；农民工作为就业的一方主体，具有支配自身劳动的权利，根据自身的素质选择用人单位；农民工有取得劳动报酬的权利，劳动者付出劳动，用人单位就必须及时足额向农民工支付工资；农民工享有休息休假的权利，包括公休日、法定休假日及年休假、婚假、病假、探亲假等；农民工享有社会保险和福利待遇的权利；农民工和城镇职工享有同等的劳动权利。《宪法》第42条第1款规定，"中华人民共和国公民有劳动的权利和义务。"根据该规定，无论是农民工，还是城镇职工，都依法享有法律规定的各种劳动权利。笔者在这里要着重强调，农民朋友们在进城务工时，一定要与用人单位签订劳动合同。许多用人单位缺乏诚信，他们敢于无故拖欠农民工的工资、在农民工因工受伤时也不管不问的主要原因就是农民工没有与用人单位签订劳动合同。作为用人单位，应当主动依法与农民工签订书面劳动合同。国务院《关于解决农民工问题的若干意见》第8条规定，"所有用人单位招用农民工都必须依法订立并履行劳动合同，建立权责明确的劳动关系。……任何单位都不得违反劳动合同约定损害农民工权益。"据此，只要用人单位与农民工建立了劳动关系，即一方提供劳动，另一方支付报酬，双方就应当订立劳动合同。现实生活中，部分用人单位为了降低成本，逃避对农民工应有的责任，大都不愿意与农民工签订劳动合同。所以，农民工在与用人单位建立劳动关系后，应当主动向用人单位提出签订劳动合同，以便日后发生纠纷时能够更好地维护自身的合法权益。如果用人单位以种种借口故意拖延或拒不签订合同，农民工可以向当地劳动行政执法部门进行投诉和举报，劳动监察有权责令用人单位补签劳动合同。如果农民工提出签订劳动合同，而用人单位对此不予理睬或故意拖延并造成农民工遭受一定损失的，农民工有权要求用人单位给予赔偿。用人单位克扣或者无故拖欠农民工工资的，应按《劳动保障监察条例》第26条的规定，由劳动保障行政部门责令限期支付劳动者的工资报酬，逾期不支付的，责令用人单位按应付金额50%以上1倍以下的标准计算，向劳动者加付赔偿金。

农民工享受工伤保险待遇。《工伤保险条例》第2条规定，"中华人民共和国境内的企业、事业单位、社会团体、民办非企业单位、基金会、律师事务所、会计师事务所等组织的职工和个体工商户的雇工，均有依照本条例的规定享受工伤保险待遇的权利。”该文件并没有把农民工排除在外。《劳动和社会保障部关于农民工参加工伤保险有关问题的通知》第2条规定，“农民工参加工伤保险、依法享受工伤保险待遇是《工伤保险条例》赋予包括农民工在内的各类用人单位职工的基本权益……”因此，用人单位必须为农民工缴纳工伤保险，而农民工本人无须缴纳工伤保险。实践中，农民工在工作中受到伤害时，用人单位往往以其是农村户口为由为自己开脱，或者出于所谓的人道主义给一点钱，把农民工打发回家，这明显侵犯了农民工的合法权益。

农民工享有退休养老待遇的权利。《劳动和社会保障部关于贯彻两个条例扩大社会保险覆盖范围加强基金征缴工作的通知》（劳社部发〔1999〕10号）第2条规定，“城镇各类用人单位及其职工，都要依法参加社会保险，履行缴纳社会保险的义务”，“城镇异地就业的职工和农民合同制职工参加单位所在地的社会保险”。

《劳动和社会保障部关于完善城镇职工基本养老保险政策有关问题的通知》第4条规定，“参加养老保险的农民合同制职工，在与企业终止或解除劳动关系后，由社会保险经办机构保留其养老保险关系，保管其个人帐户并计息，凡重新就业的，应接续或转移养老保险关系；也可按照省级政府的规定，根据农民合同制职工本人申请，将其个人帐户个人缴费部分一次性支付给本人，同时终止养老保险关系，凡重新就业的，应重新参加养老保险。农民合同制职工在男年满60周岁、女年满55周岁时，累计缴费年限满15年以上的，可按规定领取基本养老金；累计缴费年限不满15年的，其个人帐户全部储存额一次性支付给本人。”根据上述诸多法律的规定，劳动法所规定的所有保险和福利，农民工均应享有。

一句话说法：

农民工作为中华人民共和国公民、作为劳动者，他们与城市职工的权利是平等的，同样也受劳动法的调整和保护。劳动法中的社会保险福利待遇，农民工均应享有。

3.《劳动法》对“女职工”都有哪些特殊规定？

对女职工的特殊劳动保护是指国家为了维护女职工的合法权益，减少和解决女职工在劳动工作中因生理特点造成的特殊困难，专门作出的有关保障妇女劳动权益的规定，这是针对女职工的生理特点和劳动条件对女职工身体健康的特殊影响而作出的劳动保护。《劳动法》第58条第1款规定，“国家对女职工和未成年工实行特殊劳动保护。”针对女职工在怀孕、生产、哺乳等时期内的特殊情况，用人单位应当为女职工提供相应的劳动保护，维护女职工的合法权益。用人单位应当依法为女职工缴纳生育保险费，建立生育保险基金。生育保险的待遇主要分为产假、生育津贴和医疗待遇，产假是指由国家法律法规规定的，给予女职工在生育过程中休息的期限。

职场案例：

武小环和某信息咨询公司在劳动合同中约定，每月工资6000元。工作了9个月时，武小环发现自己已怀孕，又工作了8个月后，武小环开始休产假，为期3个月。休产假期间，公司每月发给她1000元工资，武小环向公司提出，应按劳动合同的约定支付产假工资，公司表示武小环产假期间未提供正常劳动，不能发放正常工资。武小环在与公司协商无望的情况下，于2012年8月24日向当地劳动仲裁委员会提出申请，要求该信息咨询公司按劳动合同的约定补发其产假期间的工资和生育津贴。劳动仲裁裁决该信息咨询公司应按双方劳动合同约定的工资数额向武小环补发产假工资并支付生育津贴18000元。

这是一个用人单位侵害生育女职工合法权益的典型案例。

生育津贴是国家法律法规规定的、在职业妇女因生育而离开工作岗位期间，向职业妇女发放的生活费用。支付标准按本企业上年度职工月平均工资的标准由生育保险基金支付，期限为98天。生育津贴的计发办法是，以职工所在企业上年度职工月平均工资为基数计发。

此外，生育医疗费是由生育基金支付的医疗费用，主要包括生育女职工的检查费、接生费、手术费、住院费和药费。

《女职工劳动保护特别规定》第5条规定，“用人单位不得因女职工怀孕、生育、哺乳降低其工资、予以辞退、与其解除劳动或者聘用合同。”

原劳动部《关于贯彻执行〈中华人民共和国劳动法〉若干问题的意见》第53条规定，劳动法中的工资，“一般包括计时工资、计件工资、奖金、津贴和补贴、延长工作时间的工资报酬以及特殊情况下支付的工资等。”而特殊情况下支付的工资就是指职工因病、因工负伤、女职工因休产假等原因按计时工资标准的一定比例支付的工资。据此，生育津贴带有社会保险和工资的双重属性。如果用人单位依法为职工缴纳了生育保险，则生育津贴由社保基金支付，用人单位无须另行支付；如果用人单位没有为职工缴纳生育保险，则用人单位应按照生育津贴的标准向职工支付生育期间的工资和津贴。根据上述法律规定，在女职工怀孕期间，用人单位应当照发工资，并且不得与其解除劳动合同。

《女职工劳动保护特别规定》第7条对女职工怀孕生育应享受的假期天数以及产假期间的工资待遇作出了明确规定，具体为，“女职工生育享受98天产假，其中产前可以休假15天；难产的，应增加产假15天；生育多胞胎的，每多生育1个婴儿，增加产假15天。女职工怀孕未满4个月流产的，享受15天产假；怀孕满4个月流产的，享受42天产假。”由此可见，产假假期的长短取决于女职工是否难产、是否生育多胞胎。

《女职工劳动保护特别规定》第8条明确规定，“女职工产假期间的生育津贴，对已经参加生育保险的，按照用人单位上年度职工月平均工资的标准由生育保险基金支付；对未参加生育保险的，按照女职工产假前工资的标准由用人单位支付。女职工生育或者流产的医疗费用，按照生育保险规定的项目和标准，对已经参加生育保险的，由生育保险基金支付；对未参加生育保险的，由用人单位支付。”

职场案例：

田青于2009年3月8日进入某糕点厂上班，双方签订了为期6年的劳动合同，合同约定田青的月工资为800元。2010年8月10日，田青生了一个男孩，在家休完产假后，于2011年12月1日回厂上班，同时向厂里交了请假条，请求于每个工作日上、下午各回家一次给婴儿哺乳，每次时间为30分钟，单位领导同意了田青的请求。但在2011年12月底领取工资时，田青发现自己的工资单上有两项扣款，即工资98.70元，奖金100元。经向劳资科询问，田青得知，原来她每天两次给婴儿喂奶的一小时，单位认为她是请事假，故将其工资和奖金扣除。田青很不理解，便向工会反映单位错扣其工资，并要求厂方按国家规定给予其哺乳时间，但通过工会，问题并未得到解决。田青遂于2012年5月15日提出劳动仲裁申请，要求糕点厂支付其被扣工资和奖金并加付25%的经济补偿金。仲裁委员会经多次调解不成作出裁决，糕点厂向田青支付工资及奖金198.70元，并加付25%的经济补偿49.70元。糕点厂不服，诉至法院。

法院经审理认为，根据《女职工劳动保护特别规定》第9条之规定，女职工在劳动时间内所花费的合理的哺乳时间应算做劳动时间。糕点厂内部制定的规章制度违反了国务院的上述规定，应为无效规章制度。故扣发田青的部分工资和奖金是错误的，应当予以纠正。

法院最终判决糕点厂一次性支付扣发田青的工资198.70元、奖金100元、经济补偿49.70元。

一句话说法：

用人单位不得在女职工三期内降低其工资标准，女职工怀孕流产，用人单位根据医院证明应给予一定时间的产假，产假期间，工资照发。

4. 对“未成年工”都有哪些保护性的法律规定？

未成年工在我国是指年满16周岁未满18周岁的未成年人。对未成年工的特殊劳动保护是指根据未成年工的生长发育特点和其受教育程度，对其在劳动法律关系中所应享有的特殊权益的保护。未成年工的劳动保护对象具有特殊性，属于未成年人的范畴。

我国劳动者的年龄下限是16周岁，未成年工受《未成年人保护法》和《劳动法》的特殊保护。《未成年人保护法》第38条第2款规定，“任何组织或者个人按照国家有关规定招用已满十六周岁未满十八周岁的未成年人的，应当执行国家在工种、劳动时间、劳动强度和保护措施等方面的规定，不得安排其从事过重、有毒、有害等危害未成年人身心健康的劳动或者危险作业。”《劳动法》第64条规定，“不得安排未成年工从事矿山井下、有毒有害、国家规定的第四级体力劳动强度的劳动和其他禁忌从事的劳动。”《劳动法》第95条还规定，“用人单位违反本法对女职工和未成年工的保护规定，侵害其合法权益的，由劳动行政部门责令改正，处以罚款；对女职工或者未成年工造成损害的，应当承担赔偿责任。”需要说明的是，未成年工与童工是两个完全不同的概念。以法定最低就业年龄16周岁为界，在此年龄之上、18周岁以下的为未成年工，在此年龄之下的为童工。未成年工就业是我国劳动法律规范所允许的。未成年工虽然已满16周岁，能够参加工作，但未到18周岁之前仍属未成年人，其身体发育尚未成熟。所以，国家立法机关在多部法律中均对未成年工的安全和健康采取了特殊保护措施，以适应其生理发育的需要。

职场案例：

胡周跟随邻居齐大伯进城打工，与某炼铁厂签订了劳动合同，在厂里干一些较轻快的工作。一段时间后，厂里锅炉房的一位职工因家中有事，便辞职回家，单位领导一时找不到合适的员工顶替，于是就安排了胡周顶替。小胡只是一个不到17岁的小伙子，每天用小推车推煤到锅炉房门口，来回80多趟，干了几天受不了了，找领导要求换个岗位。领导当时就不满意了，说你长得又高又大，怎么这点活就干不了，后来领导只同意每天让他少推20车，胡周只好坚持干下去。可是又干了一个多月，实在抗不住了，胡周就偷偷跟齐大伯诉苦，齐大伯一听就感到上火，“当初（胡周）跟我出来时，胡周的爸爸一再跟我说要我关照他，毕竟孩子还未成年”，齐大伯于是私下里告诉胡周去申请劳动仲裁，要求调换工作岗位。

劳动仲裁委员会裁决，炼铁厂应将胡周调离锅炉房，炼铁厂要根据胡周的身体状况为其安排适合的岗位。因为胡周现年满16周岁，尚未满18周岁，还属于未成年人。按照法律规定，不得安排未成年人从事矿山井下、有毒有害、国家规定的第四级体力劳动强度的劳动和其他禁忌从事的劳动。法律作出这样的规定，主要是考虑到未成年工的生理发育特点。

这是一个用人单位严重侵害未成年工合法权益的典型案例。

为了对未成年工进行特殊的法律保护，国家对对未成年工的使用实行登记制度。用人单位招用未成年工，除应符合一般用工要求外，还须在所在地的局级以上劳动行政部门办理登记，劳动行政部门根据“未成年工健康检查表”和“未成年工登记表”核发“未成年工登记证”，未成年工须持未成年工登记证上岗。

未成年职工应当受到特殊的劳动保护。

针对未成年工处于生长发育期的特点，为维护未成年工的合法权益、保护其在生产劳动中的健康，根据《劳动法》第 64 条和《未成年人保护法》（中华人民共和国主席令第 50 号）第 28 条的有关规定，任何组织和个人依照国家有关规定招收已满 16 周岁未满 18 周岁未成年人的，应当在工种、劳动时间、劳动强度和保护措施等方面执行国家有关规定，不得安排其从事过重、有毒有害的劳动或者危险作业。用人单位应根据未成年工的健康检查结果安排其从事适合的劳动，对不能胜任的工作岗位，应根据医务部门的证明，予以减轻劳动量或安排其他劳动。

未成年工患病或者受到伤害时应当获得赔偿。

根据国务院《禁止使用童工规定》和《非法用工单位伤亡人员一次性赔偿办法》的有关规定，“童工患病或者受伤的，用人单位应当负责送到医疗机构治疗，并负担治疗期间的全部医疗费和生活费用。童工伤残或者死亡……的用人单位还应当一次性地对伤残的童工、死亡童工的直系亲属给予赔偿，赔偿金额按照国家工伤保险的有关规定计算。”

对于对未成年工的特殊保护，原劳动部于 1994 年 12 月又发布了《未成年工特殊保护规定》，其中明确指出锅炉司炉岗位不得安排未成年工。

一句话说法：

未成年工享受特殊的法律保护，用人单位不得安排未成年工从事法律禁忌劳动范围内的工作。

5.“临时工”能否与合同制职工享有平等权利？

提到临时工这个名词，笔者的内心五味杂陈，当初就是因为妻子的用人单位把她当成临时工违法使用了6年，才迫使笔者自学《劳动法》为妻子维权，并将笔者造就成一名民间劳动法专家。但在写到这个题目时，笔者一直犹豫是否应当将这一命题列入书中，因为临时工这个概念早在20年前就被废止了，然而，现实中它仍然大量存在。于是，笔者不得不对此名词进行一番研究。严格说来，从1995年1月1日《劳动法》实施之日起，劳动者的身份就再也没有区别了，这种在计划经济体制下出现的与正式工相对的用工形式再也不应存在于现实生活中了。

职场案例：

魏加花在某电瓷厂干临时工，一干就是27年。单位经过改制后，魏加花怕工作不稳定，就找单位领导商量能否给转正，因魏加花文凭不高、所从事的岗位又不重要，领导就未予理睬。后来，她自己想换一个工作，但因为年纪大了，再找别的工作也不容易，所以就这么干下来了。2009年4月，单位在公示栏上张贴了一份文件，凡年满50岁的临时工都将被辞退，魏加花已经53岁了，被列入辞退名单中，单位只给了2500元的补偿。由于魏加花一直是临时工，单位也没有为其办理养老保险，被公司辞退后，她连退休金都领不到。这将意味着魏加花的后半生将没有任何保障。魏加花到劳动部门去打听，人家告诉她，因单位没有为其办理养老保险账户，现在又超过了参保年龄，无法再缴纳养老保险。无奈之下，魏加花提出劳动仲裁申请，随后又诉至法院，法院经审理认为，原告魏加花在该单位工作长达27年之久，尽管双方未签订书面劳动合同，但魏加花一直从该单位领取劳动报酬，而且一直受该单位管理，故应当认定双方之间存在劳动关系。法院判决，魏加花与电瓷厂存在劳动关系。

这是一起用人单位违法用工的典型案例。

所谓临时工是指用工期限不超过一年的临时性、季节性用工，而《劳动合同法》第 7 条明确规定，“用人单位自用工之日起即与劳动者建立劳动关系。”劳动法中最基本的概念是劳动关系，只有存在劳动关系，劳动者与用人单位才受劳动法的规范，才能适用劳动法的规定，如果不存在劳动关系，就谈不上劳动者与用人单位，而确定双方是否存在劳动关系，要看劳动者是否向用人单位实际提供了劳动，如能证明，则此时双方劳动关系成立。《劳动合同法》明确规定建立劳动关系的唯一标准是实际向用人单位提供劳动，只要劳动者实际提供劳动，用人单位实际用工，就建立了劳动关系，不论劳动者是否签订了书面劳动合同。将实际用工作为建立劳动关系的标准有利于保护劳动者的合法权益，《劳动合同法》施行后，将不承认事实劳动关系，合法状态下的事实劳动关系仅有一个月，超过一个月，用人单位就要向劳动者支付双倍工资，用人单位就将受到惩罚。对于仲裁和执法部门，不能因为劳动者没有签订书面劳动合同，就拒绝对其进行保护。《劳动部办公厅〈关于临时工的用工形式是否存在等问题请示〉的复函》（劳办发〔1996〕215 号）（现已失效）和《劳动部办公厅对〈关于临时工等问题的请示〉的复函》（劳办发〔1996〕238 号）均对此予以了明确。“临时工”是一个历史名词，是指我国实行劳动合同制以前，在临时性岗位上工作的、相对于正式工而言的工人。关于是否还保留临时工的提法问题，《劳动部办公厅〈关于临时工的用工形式是否存在等问题的请示〉的复函》（现已失效）中明确，“《劳动法》施行后，所有用人单位与职工全面实行劳动合同制度，各类职工在用人单位享有的权利是平等的。因此，过去意义上相对于正式工而言的临时工名称已经不复存在。用人单位如在临时性岗位上用工，应当与劳动者签订劳动合同并依法为其建立各种社会保险，使其享有有关的福利待遇。”《劳动法》第 46 条第 1 款同时规定，“工资分配应当遵循按劳分配原则，实行同工同酬。”由此可见，用人单位再以“临时工”为由给予职工不平等的待遇是违反劳动法的，必须予以纠正。

《劳动合同法》第 42 条第 5 项规定，“在本单位连续工作满十五年，且距法定退休年龄不足五年的”，用人单位不得解除劳动合同。本案中，因被告单位未依法为职工缴纳社会保险费，导致其不能享受养老待遇，故被告单位应向魏加花支付退休金。法院最终判决该电瓷厂按当地最低工资每月1200元的标准向魏加花支付养老金。

《劳动法》第3条规定，劳动者有“享受社会保险和福利的权利”。

一句话说法：

《劳动合同法》规定，建立劳动关系并不以劳动合同为要件，只要劳动者为用人单位提供了劳动，双方即形成了劳动关系。用人单位拒绝签订劳动合同的，劳动者可向劳动监察部门进行投诉。

6.“残疾职工”就业都有哪些法律保障？

在我国，残疾人的定义是指：在心理、生理、人体结构上，某些组织功能丧失或者不正常，全部或者部分丧失以正常方式从事某些活动能力的人。残疾人同样与健康人享有劳动权。国家特别注重保护残疾人的劳动就业权利，1991年5月15日起施行的《中华人民共和国残疾人保障法》第4章专门阐述了与残疾人劳动就业相关的法律规定。

国家保障残疾人劳动的权利。

政府和社会通过各种渠道举办残疾人福利企业，工疗机构，按摩医疗机构及其他福利性企业事业组织；国家推动各单位吸收残疾人就业，各级人民政府都在积极指导机关、团体、企事业单位、城乡集体经济组织安排一定比例的残疾人就业，并为其选择适当的工种和岗位；政府同时也鼓励、帮助残疾人员组织起来从业或者从事个体经营。

“国家对残疾人福利性企业和城乡残疾人个体劳动者，实行税收减免政策，并在生产、经营、技术、资金等方面给予扶持。地方政府和有关部门应当确定适合残疾人生产的产品，以优先安排残疾人福利企业生产”。“对于申请从事个体工商业的残疾人，有关部门应当优先核发营业执照，并在场地、信贷方面给予照顾。”

残疾人享有就业保障金。

财政部于1995年发布了《残疾人就业保障金管理暂行规定》（现已失效），明确提出该项保障金专项用于补贴残疾人职业培训费用，奖励超比例安置残疾人就业的单位及为安排残疾人就业做出显著成绩的单位，有偿扶持残疾人集体从业、个体经营，经同级财政部门批准，适当补助残疾人劳动服务机构经费开支，残疾人就业保障金必须按规定用途使用，任何部门不得平调和挪用。

残疾人享有与用人单位签订劳动合同的权利。

残疾人与正常人一样，作为社会主体通过劳动创造社会价值，同样享有劳动者的权利，任何用人单位都不得歧视残疾人就业。残疾人就业是就业市场的重要组成部分，然而在现实生活中，这类群体却往往在就业中遭遇困难甚至歧视，这种社会的排斥使得他们的就业形势相当严峻。相较于普通人来说，他们尽管存在着某种工作能力的缺陷，但他们和普通人一样，都有生存的希望和通过自身劳动解决生存问题和发展的愿望，任何单位都不能因为他们是残疾人而给予差别对待。

职场案例：

孙小宝在某电机厂当工人，在一次工作中，左臂不慎触碰到高压电线受伤，经过抢救治疗并休养一年多，还是留下了终身的残疾。身体恢复正常后，孙小宝又重新在一家纸箱厂找到工作，但工作了一年半，该厂一直不与他签订劳动合同，孙小宝多次要求单位签订合同，领导却以孙小宝是残疾人且丧失了部分劳动能力为由拒绝签订劳动合同。2009年6月3日，孙小宝到劳动监察部门进行投诉，劳动行政执法部门经调查，责令纸箱厂与孙小宝补签书面劳动合同，并补缴社会保险费。

这是一起用人单位严重侵犯残疾职工合法权益的典型案例。

我国《中华人民共和国就业促进法》第29条规定，“国家保障残疾人的劳动权利。各级人民政府应当对残疾人就业统筹规划，为残疾人创造就业条件。用人单位招用人员，不得歧视残疾人。”因此，残疾人作为劳动者，同样享受劳动法所规定的劳动权利，残疾人无论在何种用工形式的用人单位都应当依法签订劳动合同，用人单位不得以任何理由拒绝与残疾人签订书面劳动合同。

为了维护残疾人的合法权益，保障残疾人的劳动权利，地方政府应当对残疾人就业工作统筹规划，综合协调，尽可能为残疾人提供就业机会，做好残疾人就业工作。残疾人享有同其他公民平等的权利，用人单位招用残疾人职工，应当依法与其签订劳动合同，残疾人及其所在单位应当按照国家有关规定参加社会保险。合法权益受到侵害的，可以向残疾人组织投诉，残疾人组织应当维护残疾人的合法权益，有权要求有关部门依法处理。

对侵害残疾人权益的行为，其所在单位或者上级机关应依法对直接负责人员给予处分，造成严重后果的，应按《中华人民共和国残疾人保障法（2008修订）》第67条的规定处理。

残疾人与用人单位在劳动关系存续期间发生劳动争议时，劳动者可以与用人单位协商解决，当事人不愿协商或者协商不成的，应当按照《中华人民共和国劳动争议调解仲裁法》第5条的规定处理。

《中华人民共和国残疾人保障法（2008年修订）》第67条规定，“违反本法规定，侵害残疾人的合法权益，其他法律、法规规定行政处罚的，从其规定；造成财产损失或者其他损害的，依法承担民事责任；构成犯罪的，依法追究刑事责任。”

《中华人民共和国劳动争议调解仲裁法》第5条规定，“发生劳动争议，当事人不愿协商、协商不成或者达成和解协议后不履行的，可以向调解组织申请调解；不愿调解、调解不成或者达成调解协议后不履行的，可以向劳动争议仲裁委员会申请仲裁；对仲裁裁决不服的，除本法另有规定的外，可以向人民法院提起诉讼。”

一句话说法：

残疾人与正常人一样，同样享有劳动者的权利，任何用人单位不得歧视残疾人就业，残疾人有权作为劳动者与用人单位签订劳动合同。

7.“劳务派遣工”能与用工单位职工同工同酬吗？

劳务派遣是《劳动合同法》出台后的用工形式，是指专门的劳务派遣单位与被派遣劳动者建立劳动关系，而后将被派遣劳动者派到实际用工单位，被派遣劳动者在实际用工单位的指挥管理下从事劳动的一种用工形式。也就是说，用人单位招人不用人，而直接将劳动者派到其他单位工作，这种用工形式在法律上称为劳务派遣。但劳务派遣公司并不是过去的中介机构，它是法律上的用人单位，实际履行用人单位对劳动者的义务。在2008年《劳动合同法》出台之前，劳务派遣工的权益是没有任何保障的，非法中介机构遍地都是，这些中介机构在介绍工作、收取押金和报名费后，就逃之夭夭，广大劳动者深受其害，这也是促使国家出台《劳动合同法》的重要因素之一。2008年1月1日施行的《劳动合同法》将劳务派遣纳入本法的调整范围，将劳务派遣公司定性为用人单位，并具体制定了法律规范，使劳务派遣公司依法履行用人单位的职责和义务。

职场案例：

下岗一年多的郭芙蓉于2010年10月通过劳务派遣公司来到某针织厂当工人，2012年6月，派遣单位与郭芙蓉签订了劳动合同，约定每月工资1300元，单位每月发工资时，从工资中扣除了个人应承担的社会保险和住房公积金以及伙食补助后，每月仅发给650元。郭芙蓉认为自己的工资低于当地最低工资标准680元，遂向劳动仲裁委员会申请仲裁，要求裁决用工单位针织厂支付2010年10月至2014年8月的实际工资与最低工资标准应给付的工资差额8400元。劳动仲裁经审理，裁决针织厂向郭芙蓉支付工资差额8400元。针织厂不服，诉至法院，法院审理认为：用工单位应向为其提供正常劳动的劳动者支付的工资不得低于当地最低工资标准，本案中，针织厂向郭芙蓉发放的工资低于最低工资标准的部分应予以补发，故法院判决针织厂补发郭芙蓉工资差额8400元。本案中，郭芙蓉是被劳务派遣公司派遣的劳动者，其工资差额部分既可以向针织厂要求补足，也可以向劳务派遣单位要求补足。由于本案中的劳务派遣公司并没有过错，也不是因为克扣郭芙蓉的工资导致其工资低于当地最低工资标准，因此，最后责任应由用工单位针织厂承担。

这是一起用人单位严重侵害劳务派遣工的合法权益的典型案例。

劳务派遣单位应当与被派遣劳动者订立书面劳动合同。

《劳动合同法》第58条第1款规定，“劳务派遣单位是本法所称用人单位，应当履行用人单位对劳动者的义务。劳务派遣单位与被派遣劳动者订立的劳动合同，除应当载明本法第十七条规定的事项外，还应当载明被派遣劳动者的用工单位以及派遣期限、工作岗位等情况。”

这一规定再次明确了被派遣劳动者与劳务派遣单位之间的劳动关系，并且要求劳务派遣单位以劳动合同的形式确定这一劳动关系，承担用人单位的全部权利和义务。

劳务派遣单位应当与被派遣劳动者订立 2 年以上的劳动合同。

《劳务派遣暂行规定》第 5 条规定，“劳务派遣单位应当依法与被派遣劳动者订立 2 年以上的固定期限书面劳动合同。”本条规定，“双方签订 2 年以上固定期限劳动合同”是硬性条款，如果低于 2 年，被派遣劳动者可以依法主张权利。

劳务派遣制度只能在临时性、辅助性和替代性岗位上实施。

《劳务派遣暂行规定》第 3 条第 1 款第 2 款规定，“用工单位只能在临时性、辅助性或者替代性岗位上使用被派遣劳动者。前款规定的临时性工作岗位是指存续时间不超过 6 个月的岗位；辅助性工作岗位是指为主营业务岗位提供服务的非主营业务岗位；替代性工作岗位是指用工单位的劳动者因脱产学习、休假等原因无法工作的一定期间内，可以由其他劳动者替代工作的岗位。”实践中，由于缺乏相应的配套法规对“三性”岗位的具体含义作出解释，各方对此的认识和理解有所不同。为进一步规范劳务派遣行为，全国人民代表大会常务委员会于 2012 年 12 月 28 日决定对《劳动合同法》关于劳务派遣的内容进行修改，并于 2013 年 7 月 1 日起施行。修改后的《劳动合同法》和《劳务派遣暂行规定》对此均作出了有针对性的规定，明确了不允许超出“三性”岗位范围使用被派遣劳动者。

被派遣劳动者与用工单位的劳动者遵循“同工同酬”原则。

全国人民代表大会常务委员会在此次修改中，将《劳动合同法》第 63 条修改为：“被派遣劳动者享有与用工单位的劳动者同工同酬的权利。用工单位应当按照同工同酬原则，对被派遣劳动者与本单位同类岗位的劳动者实行相同的劳动报酬分配办法。用工单位无同类岗位劳动者的，参照用工单位所在地相同或者相近岗位劳动者的劳动报酬确定。”“此次全国人大常委会对《劳动合同法》的修改主要是对劳务派遣规定的调整，以严格规范劳务派遣用工[①]。”该条规定从法律上保障了被派遣劳动者的合法权利，肯定了被派遣劳动者与用工单位劳动者同工同酬的权利，由于同工同酬是法律赋予劳动者的权利，用人单位应当对劳动者履行法定义务。

同工不同酬对劳务派遣工来说是比较突出的重点问题，社会反响相当强烈。在实践中，被派遣劳动者与劳动合同制职工虽然从事相同的工作，但在很多时候，工资待遇差别很大，有的甚至相差一半还多。这些用人单位实际上是想通过给予被派遣劳动者较低的劳动报酬，达到降低企业经营成本的目的。因此，法律明确规定，被派遣劳动者享有与用工单位的劳动者同工同酬的权利。实行同工同酬既是用工单位的义务，也是劳务派遣公司的义务。

被派遣劳动者的工资不得低于当地最低工资标准。

劳务派遣工与其他职工一样，均受劳动法的保护，其工资待遇最低不得低于当地最低工资标准。《劳动合同法》规定的加班费、绩效奖金均由用工单位承担，并实行正常的工资调整机制。如果被派遣劳动者拿到手的工资低于当地最低工资标准，劳动者既可以要求劳务派遣单位足额支付工资，也可以要求用工单位足额支付工资，派遣单位和用工单位不得互相推诿。如不足额支付，劳动者可以依据《中华人民共和国劳动争议调解仲裁法》的规定，将派遣单位与用工单位列为共同被告申请仲裁。

另外，劳务派遣工还享受带薪年休假，根据《企业职工带薪年休假实施办法》第 14 条之规定，“劳务派遣单位的职工符合本办法第三条规定条件的，享受年休假。”该办法肯定了劳务派遣工与其他劳动者一样，在单位工作满一年以上的，均享受带薪年休假。

---

① 全国人大常委会法制工作委员会行政法室编著，童卫东主编：《中华人民共和国劳动合同法解读与案例》，人民出版社 2013 年版，第 48 页。

一句话说法：

被派遣劳动者与用工单位的其他劳动者享有同工同酬的权利，当劳动者的合法权益受到劳务派遣单位的侵害时，劳动者可将派遣单位和用工单位列为共同被告，要求其承担连带责任。

8. 超过60周岁未享受养老待遇的职工与用人单位是否存在劳动关系？

用人单位招用已经依法享受养老保险待遇或领取退休金的人员的，不论劳动者是否达到法定退休年龄，双方发生用工争议，应按劳务关系处理，“用人单位招用未享受养老保险待遇或未领取退休金的人员即使超过法定退休年龄，双方发生用工争议的，应按劳动关系处理。”

《最高人民法院关于审理劳动争议案件适用法律若干问题的解释（三）》第7条规定，“用人单位与其招用的已经依法享受养老保险待遇或领取退休金的人员发生用工争议，向人民法院提起诉讼的，人民法院应当按劳务关系处理。”亦即应将已经依法享受养老保险待遇或领取退休金的人员与用人单位发生的争议，按劳务关系处理，未享受养老保险待遇或未领取退休金的人员与用人单位发生的争议，按劳动关系处理。不能简单地以是否超过法定退休年龄为标准，对于已经依法享受养老保险待遇或领取退休金的人员，不管其是否达到法定退休年龄，其继续或重新就业的，其与用人单位之间的关系应视为劳务关系，未享受养老保险待遇或未领取退休金的人员，即使超过法定退休年龄，只要其与用人单位之间的关系符合劳动关系的法律特征，就应按照劳动关系处理。

基本案情：[1]

原告孙长生诉称：2012年11月16日，原告到被告郑州市馨禧成物业服务有限公司工作。双方未签订劳动合同，约定每月工资1500元，工作期间每周准休一天，每天工作12小时，节假日未支付加班工资。2013年6月20日，被告将原告辞退，原告申请劳动仲裁未果。后原告诉至法院，请求判令被告支付未签订劳动合同的双倍工资24100元，拖欠的工资1500元，加班费12200元。

被告郑州市馨禧成物业服务有限公司辩称：原告到被告处工作时，已年满60周岁，不具备签订劳动合同的主体资格，且已经享受新型农村社会养老保险待遇。根据相关法律规定，用人单位与已依法享受养老保险待遇或领取退休金的人员发生争议的，按劳务关系处理。故双方不存在劳动关系，被告无须向原告支付未签订劳动合同的双倍工资，原告请求支付一个月工资1500元，与事实不符，原告最后一个月上班20天，应支付其1000元，原告要求支付加班费无事实根据，因被告实行每天不超过8小时的工作制度，且中间调休。

法院经审理查明：2012年11月16日，原告到被告处从事秩序员工作，工作场所在鸿祥广场（万山路与索河路交叉口）。原、被告之间口头约定工资为每月1500元。被告每月将原告的劳动报酬打入原告银行账户。后因原、被告之间产生纠纷，被告于2013年6月20日将原告辞退。原告随即向荥阳市劳动争议仲裁委员会申请劳动仲裁，同年6月26日，仲裁委员会以申请内容不属于劳动人事仲裁受案范围为由决定不予受理。另查明，原告孙长生未享受职工养老保险，未领取退休金，其按月领取新型农村社会养老

① 最高人民法院中国应用法学研究所编：《人民法院案例选》，人民法院出版社2015年版，第190页。

保险金。

裁判结果：

河南省荥阳市人民法院于2013年11月6日作出（2013）荥民初字第670号民事判决：驳回原告孙长生的诉讼请求。宣判后，孙长生不服，向郑州市中级人民法院提起上诉。郑州市中级人民法院于2014年3月19日作出（2014）郑民一终字第219号民事判决：一、撤销河南省荥阳市人民法院（2013）荥民初字670号民事判决，二、被上诉人郑州馨禧成物业服务有限公司于本判决生效后10日内支付上诉人孙长生未签订书面劳动合同的双倍工资差额9000元，三、驳回上诉人孙长生的其他诉讼请求。

裁判理由：

河南省荥阳市人民法院经审理认为，《中华人民共和国劳动合同法实施条例》第21条规定，“劳动者达到法定退休年龄的，劳动合同终止。”据此，原告到被告处工作时年满60周岁，已达到法定退休年龄，其不符合签订劳动合同的主体资格。原告虽在被告处工作，受其管理，并从被告处领取劳动报酬，但其与被告之间不存在法律意义上的劳动关系，应为劳务关系。原告在被告单位工作期间，被告已按约定支付了原告劳动报酬，其劳务关系已结束。原告请求被告支付双倍工资、加班工资及拖欠工资的诉讼请求没有事实及法律依据，不予支持。

河南省郑州市中级人民法院经审理认为，《最高人民法院关于审理劳动争议案件适用法律若干问题的解释（三）》第7条规定：“用人单位与其招用的已经依法享受养老保险待遇或领取退休金的人员发生用工争议，向人民法院提起诉讼的，人民法院应当按劳务关系处理。”本案中，孙长生到郑州馨禧成物业服务有限公司工作时虽已超过60周岁，但其原系农民，未享受职工养老保险，也未领取退休金，其按月领取的新型农村社会养老保险金，具有社会福利性质，不同于职工养老保险。本案不符合《最高人民法院关于审理劳动争议案件适用法律若干问题的解释（三）》第 7 条规定的按劳务关系处理的条件，双方之间形成事实劳动关系，不应按劳务关系处理。郑州馨禧成物业服务有限公司作为用人单位应当向孙长生支付 2012 年 12 月 16 日至 2013 年 6 月 20 日期间未签订劳动合同双倍工资的差额部分 9000 元（1500 × 6）。根据在案证据，孙长生主张的拖欠工资已实际支付。另，孙长生请求加班费，但并未提供证据证明其存在加班的事实。故对其后两项诉讼请求不予支持。

案例注解：

近年来，随着进城务工人员的急剧增加及人口老龄化问题的加剧，越来越多的超过法定退休年龄的人员再次或继续就业，已经形成一个庞大的群体，这种情况在物业、保洁、环卫等行业中较为明显。此类人员与用人单位发生争议时，常遭遇维权困境。由于法律规定不明确，各地做法不一，有的按照劳务关系处理，有的按照劳动关系处理，两种处理方式导致的结果相去甚远。按劳动关系处理，则意味着上述人员享受最低工资、工作时间、休息休假、未签订劳动合同的双倍工资、经济补偿等一系列劳动法上的权利，按照劳务关系处理，则上述人员不享有劳动法上的相关权利。

如何理解《最高人民法院关于审理劳动争议案件适用法律若干问题的解释（三）》第 7 条规定的养老保险待遇？

我国基本养老保险分为三类，即职工基本养老保险、城镇居民社会养老保险、新型农村社会养老保险。目前，城镇居民社会养老保险和新型农村社会养老保险的基础养老金标准每月只有 55 元。可见城镇居民社会养老保险和新型农村社会养老保险与用人单位的职工养老保险差距太大，根本无法维持生存。因此，《最高人民法院关于审理劳动争议案件适用法律若干问题的解释（三）》第7条规定的“已经依法享受养老保险待遇”应理解为已经依法享受职工养老保险待遇，而不包括城乡居民社会养老保险。是否领取城乡居民社会养老保险不影响劳动关系的认定，已经领取城乡居民社会养老保险但未享受职工养老保险或未领取退休金的人员与用人单位发生的用工争议，应按劳动关系处理。

在本案中，孙长生虽已退休，但未享受职工养老保险待遇，因此在法律上尚未失去作为劳动者的主体资格，仍可以与用人单位签订劳动合同。

《劳动合同法》第44条规定，“劳动者开始依法享受基本养老保险待遇的”，“劳动合同终止”。根据该条规定，劳动者开始享受基本养老保险待遇是劳动合同终止的充分条件，不管劳动者是否已经达到退休年龄，只要开始享受基本养老保险待遇，劳动合同即终止。实践中，有些劳动者未到退休年龄但提前内退，只要开始享受基本养老保险待遇，劳动合同就视为终止。反过来说，即使劳动者超过法定退休年龄，但没有能够依法享受基本养老保险待遇，仍正常提供劳动、履行劳动义务的，应视为与原单位保持劳动关系，应当适用劳动法的规定。

一句话说法：

达到或者超过法定退休年龄的劳动者（包括农民工）与用人单位之间的劳动关系是否终止，应当以劳动者是否享受养老保险待遇或者领取退休金为衡量标准。

9.“职业运动员”与俱乐部之间是否属于劳动关系？

体育界的专职运动员与俱乐部之间因工作合同而发生的纠纷是否属于劳动纠纷？笔者在此明确告诉大家，这完全属于劳动纠纷，且适用劳动法。劳动争议是劳动关系当事人之间因为劳动权利与义务而发生的争议。运动员与俱乐部之间签订的工作合同、服务合同等类似的用工合同，都属于劳动合同，虽然合同的名称不妥，但其内容及双方主体关系都符合劳动法调整对象的标准，二者之间的关系属劳动关系无疑。原劳动部《关于贯彻执行〈中华人民共和国劳动法〉若干问题的意见》第4条明确规定，"公务员和比照实行公务员制度的事业组织和社会团体的工作人员，以及农村劳动者（乡镇企业职工和进城务工、经商的农民除外）、现役军人和家庭保姆等不适用劳动法。"该条款对不适用《劳动法》的情形进行了列举，职业运动员显然不在适用的排除范围。作为企业的篮球俱乐部和足球俱乐部等，其运动员均属劳动者，双方之间建立的也是一种劳动关系，因此双方都要依据《劳动法》的有关规定履行合同义务，运动员与俱乐部签订合同后，即是俱乐部的一名职工，与俱乐部之间的用工合同就是劳动合同，由此发生的纠纷当然属于劳动争议，应当适用《劳动法》来调整和规范。

《劳动法》第2条规定，《劳动法》的适用范围是"在中华人民共和国境内的企业、个体经济组织（以下统称用人单位）和与之形成劳动关系的劳动者"。这对体育行业主管部门的约束也不例外。2008年1月施行的《劳动合同法》更没有将体育企业与运动员排除在外，所有的体育企业与运动员都要受到该法的约束。

《劳动合同法》第2条对劳动合同的适用范围作了明确规定。

《劳动法》第2条对适用范围作了规定。根据《劳动法》第2条和原劳动部《关于贯彻执行〈中华人民共和国劳动法〉若干问题的意见》，《劳动法》的适用范围具体为："（1）各类企业和与之形成劳动关系的劳动者；（2）个体经济组织和与之形成劳动关系的劳动者；（3）国家机关、事业组织、社会团体实行劳动合同制度的以及按规定应实行劳动合同制度的工勤人员；（4）实行企业化管理的事业组织的人员；（5）其他通过劳动合同与国家机关、事业组织、社会团体建立劳动关系的劳动者[1]。”因此，《劳动合同法》在《劳动法》的基础上，扩大了适用范围。

《劳动合同法》增加了民办非企业单位等组织作为用人单位，并将国家机关、事业单位、社会团体聘用的工作人员也纳入调整范围。

职场案例[2]：

曲乐恒状告辽足获赔291万元

案情简介

曲乐恒原为辽足俱乐部主力球员，10年前，在与原辽足俱乐部队友张玉宁、王刚等人一起出去吃饭后归队途中，张玉宁驾车发生车祸，坐在副驾驶位置上的曲乐恒伤势严重，经诊断为“十二椎前脱位，腰椎压缩性骨折”。2008年7月，受上级委托的原沈阳市劳动和社会保障局对曲乐恒作出工伤认定，认定构成工伤。曲乐恒在履行完工伤认定法律程序后，即向沈阳市和平区法院提起诉讼，以自己经鉴定已构成二级残疾等为由，请求判令辽宁足球俱乐部继续履行劳动合同，并给予赔偿以及必要的生活保障。

沈阳市和平区法院于2010年7月判决辽足支付曲乐恒各项赔偿共计291万余元，保留劳动关系，每月支付曲乐恒伤残津贴等。

争议焦点

辽足赔偿曲乐恒291万余元是什么内容？

---

① 信春鹰：《中华人民共和国劳动合同法释义》，法律出版社2007年版，第5页。

② 胡仕浩主编：《劳动法司法解释理解与运用·典型案例裁判理由》，中国法制出版社2011年版，第110页。

裁判理由

法院认为，曲乐恒与辽宁足球俱乐部签订的《职业运动员工作合同》，是双方当事人真实意思的表示，并已实际履行，合法有效。现曲乐恒经鉴定已构成工伤二级残疾，依据《工伤保险条例》相关规定，保留劳动关系，退出工作岗位并享受相关的工伤待遇，辽足应继续履行劳动合同。

至于各项赔偿共计 291 万余元主要由两部分组成：一部分是由用人单位支付的费用，包括停工留薪期内的工资、伙食费、交通费、护理费，还有伤残津贴（按月）等。按规定，二级伤残须按月支付津贴，标准为本人工资的 85%。职工因工作遭受事故伤害或者患职业病需要暂停工作接受工伤医疗的，在停工留薪期内，原工资福利待遇不变，由所在单位按月支付，一般不超过 12 个月。伤情严重或者情况特殊的，经设区的市级劳动能力鉴定委员会确认，可以适当延长，但延长不得超过 12 个月。职工住院治疗工伤的，由所在单位按照本单位因公出差伙食补助标准的 70% 发给住院伙食补助费，经医疗机构出具证明，报经办机构同意，工伤职工到统筹地区以外就医的，所需交通、食宿费用由所在单位按照本单位职工因公出差标准报销。经测算，曲乐恒停工留薪期间工资 33.6 万，停工留薪期后至鉴定为二级伤残前的工资 224302 元，交通食宿费 151940 元，评残前护理费 173250 元。

还有一部分工伤待遇赔偿，本应由工伤保险基金支付。但由于此前在曲乐恒与辽宁足球俱乐部是否形成劳动关系的问题上一直存在争议，辽足在事故发生之前未为曲乐恒缴纳社会保险费。按照规定，用人单位未参加工伤保险期间用人单位职工发生工伤的，由该用人单位按照规定的工伤保险待遇项目和标准支付费用。这部分费用包括一次性伤残补助金、伤残津贴（按月）、工伤医疗费用、生活护理费（按月）、辅助器具费等。职工因工致残被鉴定为一级至四级伤残的，保留劳动关系，退出工作岗位，享受一次性伤残补助金，其中二级伤残标准为 22 个月的本人工资。工伤职工已经评定伤残等级并经劳动能力鉴定委员会确认需要生活护理的，按月支付生活护理费。生活护理费按照生活完全不能自理、生活大部分不能自理和生活部分不能自理3个不同等级支付，其标准分别为统筹地区上年度职工月平均工资的50%、40%和30%。经测算，辽足须给付曲乐恒一次性伤残补助金164488.5元，从2009年10月16日起至满20年，每月支付曲乐恒伤残津贴6355.2元，共计1525248元，从2009年10月16日后，每月给付曲乐恒生活护理费996.9元至满20年，共计239256元，治疗康复费94734.92元，采暖费1680元，残疾人用品用具费1250元，从2000年1月20日起按月缴纳社会保险费，具体数额以社保部门核对额为准，其中由个人负担的部分由曲乐恒自行负担。

赔偿费用虽高，但是仔细分析，291万总额中有将近200万本来是可以由工伤基金支付的，但是因为当初未参加社保，这部分费用也由单位支付，数额自然就高。①

一句话说法：

根据《劳动合同法》的规定，足球俱乐部属于企业，运动员属于劳动者，双方应按劳动法的规定订立、履行、变更、解除或者终止劳动合同，并依法缴纳社会保险。

10. 出租汽车公司与“汽车驾驶员”之间也是劳动关系吗？

作为一种特殊行业，出租汽车公司与劳动者之间因承包经营合同发生纠纷，出租汽车公司也应按照劳动合同约定支付工资。改革开放以来，出

① 胡仕浩主编:《劳动法司法解释理解与运用·典型案例裁判理由》，中国法制出版社2011年版，第110页。

租汽车行业不断繁荣昌盛，从事这一职业的人员越来越多，而出租汽车公司和出租汽车司机之间的纠纷也时有发生。为避免和减少纠纷的发生，双方自然要通过签订合同来确定公司与司机之间的权利和义务，这样一旦发生纠纷就可以依据完备的合同和相关法律规定予以解决。由于行业的特殊性，出租汽车公司在与汽车司机签订劳动合同后，通常还要签订一份《运营车辆承包合同》，之后出租汽车公司才能将出租汽车交由司机经营。而这两份合同之间既有联系又有区别，双方存在的应是两个法律关系。若依据劳动合同，出租汽车公司与司机之间应是劳动关系，双方要遵守劳动法的相关规定；而运营车辆承包合同是另一种合同，司机与出租汽车公司之间存在合同关系。劳动合同、承包合同是由平等主体的自然人、法人和其他组织所实施的一种民事行为，而该民事法律行为是以意思表示为成立要件的。合同里当事人意思表示一致的结果是当事人协商一致的协议。司机在与出租汽车公司签订运营车辆承包合同时，双方是平等的主体，约定的是关于车辆承包运营的各项权利和义务。该合同受《合同法》约束，只要当事人协商的条款不违背法律的禁止性规定、社会公共利益和公共道德，法律就承认其效果。这种由平等主体在平等自愿原则基础上形成的合同关系不同于《劳动法》所约束的劳动关系。

而劳动合同，是指劳动者与用人单位确立劳动关系，明确双方权利和义务的协议。劳动关系是指劳动者与用人单位之间，因为实际劳动过程而发生的一方有偿提供劳动，另一方支付劳动报酬的劳动关系。劳动关系是受《劳动法》等法律规范调整的，劳动者与用人单位是管理与被管理的关系。因此，在劳动关系中，劳动者与出租汽车公司是被管理与管理的关系。其权利和义务应遵循劳动法的规定。

职场案例：

2004 年 2 月 7 日，某出租汽车公司与由坤签订了一份劳动合同，合同有效期为自签约之日起至2008年1月7日。合同约定，因出租汽车公司原因造成车辆停运的，出租汽车公司支付由坤在停运期间的工资且不得低于当地最低工资标准。双方同时还签订了《运营车辆承包合同书》，合同签订后，出租汽车公司将一辆现代汽车交给由坤经营。2006年4月12日，该现代汽车因发生交通事故被撞坏，出租汽车公司将车辆拖走进行修理。待修好后，由坤去出租汽车公司提取车辆，公司以由坤未缴纳修理费和车辆管理费为由不许提车。2007年1月，由坤诉至法院，要求出租汽车公司支付其2006年4月至2007年1月期间的工资。法院经审理后认为，出租汽车公司与由坤签订了劳动合同，双方存在劳动关系，双方在合同中约定，因出租汽车公司原因造成车辆停运的，出租汽车公司支付由坤在停运期间的工资，且不得低于当地最低工资标准。该约定符合法律规定。由坤运营的出租车发生交通事故后，出租汽车公司以由坤未缴纳修理费和车辆管理费为由拒绝由坤提车，由此造成车辆不能正常运营的责任在于出租汽车公司。故出租汽车公司应当按合同约定支付由坤的工资。

这是一起出租汽车公司不执行劳动法的典型案例。

本案中，由坤与出租汽车公司签订的劳动合同中明确约定因出租汽车公司的原因造成车辆停运的，出租汽车公司向由坤支付停运期间的工资，不得低于当地最低工资标准。由于出租汽车公司拒绝由坤提取车辆，造成车辆不能正常运营，责任也在出租汽车公司，因此，根据劳动合同的约定和劳动法的规定，出租汽车公司应当支付由坤相应的工资。

出租车司机工作期间遭乘客殴打应认定为工伤。

出租车营运的特点决定了出租车司机的工作场所具有流动性，出租车在营运时途经的路线以及车辆内外的合理区域均应属于工作场所。出租车司机在正常营运途中，与乘客发生争执而受到伤害应属工伤。

职场案例：

2006年9月4日，某出租汽车公司的“的哥”顾顺与往常一样载客运营。行至黄河路时，突然发现对面有一辆出租车试图逆行超车，朝顾顺的车猛冲过来，顾顺急忙踩下刹车，停在路边。停了一会儿，顾顺继续往前开，当他停车下客时，刚才那辆逆行超车的出租车竟尾随而至，对方一把将顾顺拉出车外，争执当中，顾顺将逆行车司机赵史推倒在地，赵史起身一拳打中了顾顺的左眼。事后经鉴定，顾顺左眼失明，属于重伤。赵史受到了刑事追究，劳动保障行政部门认定顾顺为工伤，但顾顺的单位某出租汽车公司对此不服，向法院提起行政诉讼。出租汽车公司认为，顾顺在争执中也不理智，对于受伤事实的发生存在一定过错，而且双方争执的地点是在出租车旁，并不是在车内，不属于在履行工作职责时遭受伤害，因此不应当认定为工伤。本案中，造成事故的主要原因是赵史超车逆行，且事后尾随顾顺，导致事故伤害的发生。赵史尾随追上后将顾顺拉出车外，赵史的行为妨碍了顾顺履行正常的工作职责，因此，在争执中顾顺将赵史推倒在地是正当防卫行为。不管顾顺的防卫行为是否超过必要限度、是否有过失，因工伤认定采用无过错补偿原则，并不以当事人有无过错作为认定条件。出租汽车公司以顾顺在争执中不理智、存在一定过错为由，认定顾顺不构成工伤不能成立。出租汽车公司以双方争执的地点是在出租车旁，并不在车内，不属于在履行工作职责的时候遭受伤害为由，认为顾顺不构成工伤的理由同样不能成立。出租车在营运时途经的路段以及车辆内外的合理区域均应属于工作场所。顾顺遭受伤害是因为赵史逆行超车不成，险些造成车辆相撞，一时气愤实施报复才受的伤害。因此，顾顺是在工作场所，履行工作职责时，属于因工作原因受伤。《工伤保险条例》第14条第3项规定，职工“在工作时间和工作场所内，因履行工作职责受到暴力等意外伤害的”，“应当认定为工伤”。本案中的顾顺受伤符合《工伤保险条例》第14条第3

项规定的应认定为工伤的情形。

一句话说法：

出租汽车公司与出租汽车司机应依法签订劳动合同，一旦发生纠纷，应按合同约定和法律规定解决。汽车司机自身对伤害有过错并不影响工伤认定。

11. 国家机关与“工勤人员”是否适用《劳动法》？

国家机关与没有与之签订劳动合同的劳动者之间是否存在劳动关系？是否适用《劳动法》？1995年1月1日颁布实施的《劳动法》第2条第2款规定，“国家机关、事业组织、社会团体和与之建立劳动合同关系的劳动者，依照本法执行。”对于双方未签订劳动合同的职工，机关与他们的关系是否属于劳动关系呢？

原劳动部《关于贯彻执行〈中华人民共和国劳动法〉若干问题的意见》第3条规定，“国家机关、事业组织、社会团体实行劳动合同制度的以及按规定应实行劳动合同制度的工勤人员；实行企业化管理的事业组织的人员；其他通过劳动合同与国家机关、事业组织、社会团体建立劳动关系的劳动者，适用劳动法”。原劳动部办公厅《关于〈劳动法〉若干条文的说明》（劳办发〔1994〕289号）第2条对此作了说明，“本条第二款所指劳动法的劳动者的适用范围，包括三个方面：（1）国家机关、事业组织、社会团体的工勤人员；（2）实行企业化管理的事业组织的非工勤人员；（3）其他通过劳动合同（包括聘用合同）与国家机关、事业单位、社会团体建立劳动关系的劳动者。本法的适用范围排除了公务员和比照实行公务员制度的事业组织和社会团体的工作人员，以及农业劳动者、现役军人和家庭保姆等。”从中可以看出，国家机关、事业组织、社会团体属于公务员和比照实行公务员制度的工作人员以外的工作人员适用《劳动法》，双方属于劳动关系，依法应当签订劳动合同。

2008年1月1日施行的《劳动合同法》对劳动关系的调整范围更加宽泛。不仅调整企业、个体经济组织、民办非企业单位等组织与劳动者之间的劳动关系，也调整国家机关、事业单位、社会团体和与其建立劳动关系的劳动者之间的劳动关系。具体包括：国家机关、事业单位、社会团体与实行劳动合同制度的工勤人员建立的劳动关系，实行企业化管理的事业单位的人员与该事业单位建立和形成的劳动关系。这些用人单位聘用了大量的不属于《公务员法》调整范围的后勤人员，一部分是从事服务性工作的劳动者，即工勤人员、炊事员、打字员、清洁工、司机等后勤人员，这些劳动者都应通过《劳动合同法》对自己用人单位之间的劳动关系进行调整。《劳动合同法》在《劳动法》的基础上，扩大了适用范围，即增加了民办非企业单位等组织作为用人单位，并规定国家机关、事业单位、社会团体和与其建立劳动关系的劳动者，订立、履行、变更、解除或者终止劳动合同等行为，应依照《劳动合同法》执行。这表示，国家权力机关、国家行政机关、司法机关、国家军事机关、政协等在招用工勤人员时，需要签订劳动合同，适用《劳动合同法》。故在上述国家机关工作的工勤人员，如本人权益受到侵害的，应当依据《劳动合同法》维护自身权益。如果未签订书面劳动合同，应当与单位提出签订劳动合同，同时还可主张双倍工资予以赔偿。

职场案例：

复员军人汤卫国于1982年到部队参军入伍，1984年转业回家。1991年3月，汤卫国被某市公安局招用并办理招工手续，招工表上盖有公安局的公章。被录用后，汤卫国一直在公安局工作，工资由公安局支付。2008

年11月，公安局以调整岗位为由，突然通知汤卫国停止工作，同时也停发了工资。2009年2月，汤卫国向东源市劳动争议仲裁委员会申请仲裁。劳动仲裁委员会经审理，该公安局通过招工形式与复员军人汤卫国建立劳动关系并按月支付劳动报酬，双方已形成了事实劳动关系。劳动仲裁于2009年5月22日裁决该公安局在10日内为汤卫国安排工作岗位，恢复劳动关系，补发停工期间的工资4505元，同时为汤卫国补缴劳动关系存续期间的社会保险费。

汤卫国之所以能胜诉，主要是因为他与公安局之间存在事实劳动关系。

此案是国家机关违法用工的典型案例。

汤卫国从1991年到东源市公安局工作，一直由该公安局支付工资。2008年11月，也是该公安局通知汤卫国停止工作。这些完全符合《劳动和社会保障部关于确立劳动关系有关事项的通知》(劳社部发〔2005〕12号)第1条确定的劳动关系标准。该文件规定“用人单位招用劳动者未订立书面劳动合同，但同时具备下列情形的，劳动关系成立。(一)用人单位和劳动者符合法律、法规规定的主体资格；(二)用人单位依法制定的各项劳动规章制度适用于劳动者，劳动者受用人单位的劳动管理，从事用人单位安排的有报酬的劳动；(三)劳动者提供的劳动是用人单位业务的组成部分。”汤卫国长期在东源市公安局上班，接受公安局的指派承担工作任务，且由公安局支付工资，完全符合事实劳动关系的几个要件，故劳动仲裁委员会的裁决完全符合法律规定。

一句话说法：

按照《劳动合同法》的规定，国家机关、事业单位，社会团体与非公务员体系的劳动者必须签订劳动合同，加强了对游离于《劳动法》之外的劳动者的保护。

12. 事业单位与聘用制职工是否受《劳动法》调整？

事业单位是具有中国特色的组织。所谓事业单位，是指为了社会公益目的，由国家机关举办或者其他组织利用国有资产举办的，从事教育、科技、文化、卫生等活动的社会服务组织。除了按照国家公务员制度进行人事管理的以及转制为企业的以外，所有事业单位逐步试行人员聘用制度。根据《劳动合同法》第2条第2款规定，“国家机关、事业单位、社会团体和与其建立劳动关系的劳动者，订立、履行、变更、解除或者终止劳动合同，依照本法执行。”该法第96条还规定，“事业单位与实行聘用制的工作人员订立、履行、变更、解除或者终止劳动合同”，“未作规定的，依照本法有关规定执行。”根据上述规定，与事业单位建立劳动关系的劳动者须与单位订立劳动合同，建立劳动关系的劳动者一般是指没有事业编制的聘用人员。另外，在事业单位工作且有事业单位编制的工作人员，如法律、行政法规或者国务院没有特别规定的，也可以与单位订立劳动合同。

《国务院办公厅转发人事部关于在事业单位试行人员聘用制度意见的通知》（国办发〔2002〕35号）明确了在事业单位全面推行聘用合同制度，以使事业单位的人事制度改革适应市场经济的发展。但聘用合同并非劳动合同，在订立、履行、解除终止和争议处理方面都与《劳动法》的规定有所不同，故将许多劳动者排除在了《劳动法》的保护之外。在事业单位中存在多种人员：一种是签订劳动合同的人员，大部分为事业单位的工勤人员，或者是实行企业化管理的事业单位中的人员，他们与单位之间适用《劳动法》的规定；另一种是签订聘用合同的人员，大多为事业单位中的专业技术人员或列入编制的人员，他们与单位之间不适用《劳动法》，而适用人事部门的法规政策；还有一种是事业单位中的公务员和参照《中华人民共和国公务员法》管理的人员，大多为事业单位的负责人或主管人员。这种同一单位、不同劳动制度的现象造成了相关用人单位在劳动法律适用上的混乱，不利于对劳动者权益的保护。《最高人民法院关于人民法院审理事业单位人事争议案件若干问题的规定》第1条规定，“事业单位与其工作人员之间因辞职、辞退及履行聘用合同所发生的争议，适用《中华人民共和国劳动法》的规定处理。”

职场案例：

栾来于2009年5月到某艺术学院工作（该学院是财政拨款的事业单位），负责后勤管理工作。栾来与学院签订了为期3年的劳动合同，每月工资为2800元。

2011年5月，学院领导找栾来谈话，向栾来说明，学院打算与他协商，提前解除劳动合同。当时栾来相当不满，认为学院突然要与他解除合同让他一点心理准备都没有，后经反复考虑，栾来同意了提前解除劳动合同，并于2011年5月底办理了离职手续。在办理离职手续时，学院将栾来的当月工资及社保费用等一并结清，但并未同时支付经济补偿。因对相关规定不甚了解，栾来也未提出让学院支付经济补偿。

2011年6月，栾来经他人指点，得知学院应依法向其支付经济补偿金。栾来随即找到学院的领导，要求单位支付经济补偿，但遭到领导的一口回绝。学院领导声称：自己的单位是国家事业单位，不适用《劳动法》的规定。栾来无奈向当地的劳动争议仲裁委员会提起劳动仲裁，要求裁决学院依法支付其解除劳动合同的经济补偿金。劳动仲裁经过开庭审理认为，该学院虽然是国家财政全额拨款的事业单位，但根据《劳动合同法》第2条第2款的规定，“国家机关、事业单位、社会团体和与其建立劳动关系的劳动者，订立、履行、变更、解除或者终止劳动合同”，“未作规定的，依照本法执行。”据此，劳动仲裁委员会裁决该学院依据《劳动合同法》的相关规定向栾来支付经济补偿金3000元。

本案是一起因事业单位拒付劳动者经济补偿金而引发的劳动争议案件。

我国《劳动法》和《劳动合同法》均规定事业单位和与之建立劳动合同关系的劳动者，必须同其他用人单位一样，严格遵守和执行《劳动合同法》第2条第2款的规定。根据《劳动合同法》第46条之规定，“用人单位依照本法第三十六条规定向劳动者提出解除劳动合同并与劳动者协商一致解除劳动合同的”，“用人单位应当向劳动者支付经济补偿”。

本案中，该艺术学院虽然属于财政拨款的事业单位，但已与栾来签订了书面劳动合同。学院为节省开支主动提出与劳动者协商解除劳动合同，该行为符合《劳动合同法》第46条规定的支付经济补偿的条件，故学院应当向栾来支付经济补偿。据此，劳动争议仲裁委员会依法裁决该艺术学院向栾来支付经济补偿，完全符合法律规定。

在中国，我们把承担公益服务任务的机构称作事业单位，从中央政府到基层乡镇，都有承担提供各类公共服务任务的事业单位，它们是主要从事教育、科研、文化、卫生等活动的社会服务组织。事业单位是否适用劳动法，首先要看该单位是否实行企业化管理，其次，如果事业单位与劳动者之间是通过劳动合同建立的劳动关系，那么也是适用劳动法的。

需要注意的是，由用人单位因协商解除劳动合同、支付经济补偿的前提条件是用人单位提出解除劳动合同，如果是劳动者提出解除劳动合同，即劳动者主动要求辞职，用人单位则无须支付经济补偿金。经济补偿金应当一次性支付给劳动者。

一句话说法：

与事业单位建立劳动关系的劳动者，依法享有劳动法律规定的权益，如果事业单位的行为侵犯了劳动者的合法权益，劳动者有权向劳动行政部门投诉或提起劳动仲裁维权。

番外篇

笔者义务代理的法律援助真实案例

维护个人权利就是维护公众权利

人这一生中，不可避免地会遇到很多法律问题。在现实生活中，衣食住行、婚姻继承、劳动就业等是我们无法离开的，当权益遭受侵害时，我们应当勇敢地拿起法律的武器，与不法企业的违法行为进行斗争，以此捍卫我们自身的合法权益。但劳动者作为弱势群体，又有何资本与强势的企业进行抗争呢？首先，我们要认真学习《劳动法》和与劳动关系有关的法律法规，只有了解《劳动法》，我们才有底气和信心与企业的违法行为进行斗争；只有掌握了《劳动法》，我们才可以通过法律的途径讨回公道。运用法律维护权益是《宪法》赋予公民的基本权利，《宪法》第33条规定，“中华人民共和国公民在法律面前一律平等。”

笔者自1998年开始学习研究劳动法律法规，自先后为妻子，自身及同事争取权益并获得胜利后，又为全社会的广大劳动者无偿提供法律援助，义务代理了260多起劳动争议案件。笔者从中选出一些极具典型性和真实性的案例，在本篇进行专门的分析和论述。内容包括违法解除和终止劳动合同、克扣或者无故拖欠劳动者工资、不为农民工缴纳社会保险、工伤赔偿和医疗费用承担、解除劳动合同的经济补偿的案例等。期待读者能够从案例中获得启发，在权益受到侵害时，可以借鉴本书的相关案例，更好地维护自身的合法权益。

1. 用人单位无权因工作整合单方直接解除劳动者的劳动合同

基本案情：

2006年9月1日，张芳与某旅行社签订了一份为期一年的劳动合同，合同期限自2006年9月1日起至2007年8月30日止，月工资1200元，从事出纳工作。2006年12月28日，单位以工作整合为由，对员工进行裁员调整，遂口头通知张芳解除劳动合同。张芳接到通知后，认为单位解除其劳动合同不符合法律规定，遂于2006年12月29日授权委托笔者代为申请劳动仲裁。笔者于2007年1月15日向劳动争议仲裁委员会提出申请，要求用人单位依法支付经济补偿1200元，未以书面形式提前30日通知解除劳动合同加发一个月工资1200元，违约金2000元，未足额支付的工资630元，加班工资3585元。劳动仲裁委员会于2007年3月1日公开开庭审理了此案。

用人单位辩称，公司因为工作整合解除职工的劳动合同，属客观情况发生变化，而不是无故解除劳动合同。

劳动仲裁委员会经审理认为：劳动合同依法订立即具有法律效力，当事人必须履行劳动合同规定的义务。根据《大连市劳动合同规定》（大连市人民政府令第36号）第5章第40条之规定：用人单位终止或解除劳动合同，应提前30日以书面形式通知劳动者本人而未提前通知的，应按劳动者上月应发工资加发1个月工资予以赔偿。该文件第25条第3项规定：劳动合同订立时所依据的客观情况发生重大变化，致使原劳动合同无法履行，经当事人协商不能就变更劳动合同达成协议的，用人单位可以解除劳动合同，但是应当提前30日以书面形式通知劳动者本人。用人单位以客观情况发生变化而解除职工劳动合同不符合法律规定。这里所说的客观情况发生重大变化是指发生不可抗力或出现致使劳动合同全部或部分条款无法履行的其他情况，如企业迁移、被兼并、企业资产转移等，单位以工作整合为由解除职工的劳动合同，只能视为劳动合同订立时所依据的客观情况发生变化，而非重大变化，用人单位未提供证据证明双方当事人经协商不能就变更劳动合同达成协议。根据《最高人民法院关于审理劳动争议案件适用法律若干问题的解释》（法释〔2001〕14号）第13条之规定，“因用人单位作出的开除、除名、辞退、解除劳动合同、减少劳动报酬、计算劳动者工作年限等决定而发生的劳动争议，用人单位负举证责任。”用人单位并未提供书面证据予以证明，属于违反法律法规和劳动合同的约定解除劳动合同的行为。

劳动仲裁委员会据此裁决用人单位依法支付经济补偿和违约金等共计4334元。张芳对于这一裁决的赔偿数额表示不能接受，继续委托笔者代为向法院提起诉讼。法院经审理认为：被告在合同未履行期满过程中，以公司整合为由要求与原告解除劳动关系，并未提供证据证明其以书面形式提前30日通知原告，故被告行为已构成违约，应按《劳动法》的规定加发一个月工资予以赔偿。一审法院最终判决被告向原告支付未提前30日以书面形式通知原告加发一个月工资1200元，支付经济补偿金1200元，支付违约金2000元，支付未发工资401元，合计4801元，加班费3585元因证据不足未予支持。张芳对一审判决仍不满意，委托笔者代为上诉。

二审法院在审理过程中，力主调解。双方当事人自愿达成调解协议，在一审判决的基础上，被告同意支付原告张芳6502元，比一审判决多出1701元，比劳动仲裁裁决多出2168元。本案经过了一裁二审，最大限度地为劳动者争取到了利益。

法律评析：

本案，双方发生争议的时间是在2006年12月，应当适用《劳动法》的有关规定；本案涉及的主要法律问题是《劳动法》第26条第3款规定的用人单位可以解除劳动合同的一种特殊情形。关于劳动合同的解除，《劳动法》规定了三种情形，即劳动合同当事人协商一致解除合同，用人单位依法解除劳动合同，劳动者依法解除劳动合同。对于用人单位解除劳动合同，《劳动法》也规定了几种情形，符合《劳动法》第25条的规定的，用人单位可以随时通知劳动者解除劳动合同；符合《劳动法》第27条的规定的，即用人单位因自身的原因不能履行劳动合同的，在履行法定程序后，可以解除劳动合同；而符合《劳动法》第26条第3项的规定的，即“劳动合同订立时所依据的客观情况发生重大变化，致使原劳动合同无法履行，经当事人协商不能就变更劳动合同达成协议的”，“用人单位可以解除劳动合同，但是应当提前三十日以书面形式通知劳动者本人”。根据《劳动法》的规定，劳动合同一旦依法订立，就具有法律约束力，任何一方不得随意变更和解除。

本案的用人单位以工作整合为由，单方通知职工解除劳动合同，不仅在程序上违反了《劳动法》的规定，而且也没有提供证据证明原劳动合同无法履行，这种行为既无事实根据，也无法律依据，必须依法对劳动者进行赔偿。

2. 用人单位克扣职工工资应支付经济补偿及赔偿金

基本案情：

2006年2月7日，高国佳到某联合包装厂工作，岗位是锅炉工，月工资1000元，双方没签订劳动合同。单位每月固定时间发放一次工资，2007年5月，单位发工资时无故扣发了高国佳的工资88元，他到财务部询问，没能得到明确的答复。他认为，扣发工资应当向职工说明项目和理由，尽管钱数不多，但如此不明不白让人无法接受，必须搞清楚究竟扣的是什么钱。然而，全厂打听了个遍也没人能说清楚，他很不理解，同时也感到十分气愤，并发誓一定要争这口气。

2007年6月20日，高国佳向单位提出辞职，专心回家研究如何能讨回这个公道。他很快就找到了笔者，并迫不及待地叙述了事情的经过，同时恳求笔者能够为他讨回公道。笔者对他所遭遇的不公正待遇深表同情，用他的话说，钱虽不多，但这口气却咽不下。

2007年7月9日，高国佳授权委托笔者代为向劳动仲裁委员会申请仲裁。他在工作期间，没有双休日和法定休假日，单位从未给过加班工资，也未安排过补休，故要求包装厂依法支付自2006年2月7日起至2007年6月20日止的双休日加班工资以及25%的经济补偿金8448元，支付夜班费1540元，返还被扣发的工资和5倍赔偿金528元，法定休假日加班工资495元，最低工资标准差额800元，经济补偿2000元，防暑降温费800元，合计14611元。劳动仲裁委员会立案并进行了公开开庭审理。劳动仲裁委员会主持了调解，双方达成了调解协议，包装厂同意一次性向高国佳支付工资和补偿1万元。

法律评析：

本案是一起因用人单位克扣职工工资引发的劳动争议案件。《劳动法》

第 50 条规定，“工资应当以货币形式按月支付给劳动者本人。不得克扣或者无故拖欠劳动者的工资。”原劳动部《对〈工资支付暂行规定〉有关问题的补充规定》对何为“克扣工资”有明确的法律定义，“‘克扣’系指用人单位无正当理由扣减劳动者应得工资（即在劳动者已提供正常劳动的前提下用人单位按劳动合同规定的标准应当支付给劳动者的全部劳动报酬）”。从以上规定可见，用人单位扣减劳动者工资必须有正当理由，否则将构成克扣工资的违法行为。因此，单位应当对劳动者给予补偿和赔偿。

按照《劳动部〈违返和解除劳动合同的经济补偿办法〉的通知》（现已失效）第 3 条的规定，“用人单位克扣或者无故拖欠劳动者工资的，以及拒不支付劳动者延长工作时间工资报酬的，除在规定的时间内全额支付劳动者工资报酬外，还需加发相当于工资报酬百分之二十五的经济补偿金。”这是对用人单位克扣职工工资作出的惩罚性规定，也是用人单位对被克扣工资职工的补偿。用人单位支付职工工资 25%的经济补偿的前提是，用人单位克扣或者无故拖欠劳动者工资，在这里，“克扣”应理解为“用人单位无正当理由在规定时间内故意不支付劳动者工资。”

根据原劳动部《违反〈中华人民共和国劳动法〉行政处罚办法》（现已失效）第 6 条之规定，用人单位“克扣或者无故拖欠劳动者工资的”，除了补发工资和支付经济补偿金之外，还应当按相当于支付劳动者工资报酬及补偿金总和的一倍至五倍支付赔偿金。赔偿金是指劳动合同的一方当事人违反劳动法规或劳动合同，给对方当事人造成损害，应给予对方当事人一定的金钱，以赔偿对方当事人因其违法或违约行为而遭受的损失，赔偿金独立于经济补偿之外。在用人单位违反法律的规定，克扣了劳动者工资的情况下，用人单位不仅要向劳动者支付工资、补偿金、还应另外支付赔偿金。

本案中，高国佳已向公司提供了正常的劳动，用人单位理应按照《劳动法》第50条之规定，向劳动者按时足额发放工资，不得克扣职工工资。然而，该公司在无正当理由的情况下擅自扣发了高国佳工资中的88元，构成了违法克扣工资。为维护职工的合法权益，劳动仲裁委员会依法主持调解，用人单位同意一次性向高国佳支付1万元赔偿款，这里除了支付工资和经济补偿外，当然还包括赔偿金。

3. 职工处于医疗期，劳动合同期满，用人单位不得终止劳动合同

基本案情：

宋建于1992年8月到开发区炼油厂从事门卫工作，双方最后一份劳动合同期限自2007年4月1日起至2007年12月31日止，月工资1800元。2007年12月25日，用人单位向宋建下发了一份书面通知，该通知内容为：员工宋建同志，你与公司的劳动合同至2007年12月31日届满，公司欲与你终止劳动合同，鉴于你现正处于医疗期，根据相关规定，公司与你的劳动合同自动续延至医疗期满为止，你的医疗期到2008年3月16日，期满后公司将不再与你续签劳动合同。宋建接到通知后，认为自己在该单位已工作了15年，并且现已患上急性脑血栓，且正在住院治疗期间，用人单位却要终止劳动合同。对于单位的这种做法，宋建表示既不能理解又无法接受，于是他找到多家律师咨询，后来找到笔者。宋建泪流满面地述说他的遭遇并央求笔者替他讨回公道，笔者当即答应免费为他维权。宋建认为他在该公司工作已超过15年，公司应当与自己签订无固定期限劳动合同才对，怎么能终止劳动合同呢？宋建于2008年2月18日授权委托笔者向劳动仲裁部门提出申请，要求用人单位与其签订无固定期限劳动合同。就在宋建申请劳动仲裁期间，公司又于2008年3月13日，通过特快专递的形式

向他邮寄了一份有关终止劳动合同的通知书。通知书中说明，“根据2007年12月25日公司向你下发的有关劳动合同续延的通知，本次合同顺延至2008年3月16日期满，公司决定不再与你续签劳动合同。”收到这份终止劳动合同通知书后，宋建更是气愤不已。劳动仲裁委员会经开庭审理认为：宋建的劳动合同到2008年3月16日到期，此时已在该单位连续工作满15年，按《劳动合同法》第45条规定，劳动者提出订立无固定期限的劳动合同，用人单位应当与之订立无固定期限劳动合同。劳动仲裁委员会最终裁决，用人单位在接到本裁决书之日起15日内与宋建签订无固定期限劳动合同。仲裁裁决作出后，单位不服，诉至法院。

在法院开庭审理中，用人单位认为：本案应依据《劳动法》作为判决的依据，《劳动法》第20条规定，“当事人双方同意续延劳动合同的，如果劳动者提出订立无固定期限的劳动合同，应当订立无固定期限的合同。”而用人单位没有续订劳动合同的意思表示，只是鉴于劳动者正处于医疗期，故将劳动合同自动续延至医疗期满为止。

宋建代理人认为：根据《劳动合同法》第45条之规定，劳动者处于医疗期的，劳动合同到期，“劳动合同应当续延至相应的情形消失时终止”。而宋建的医疗期满时已是2008年3月16日，此时《劳动合同法》已实施3个多月了，应当适用《劳动合同法》的规定。根据《劳动合同法》第14条的规定，如果劳动者提出要求订立无固定期限劳动合同的，用人单位应当与劳动者签订无固定期限劳动合同。

法院经审理认为，劳动者处于医疗期内，用人单位依法将医疗期延至2008年3月16日，可以认定双方在2008年1月1日至2008年3月16日期间存在劳动关系。宋建在该单位连续工作已超过15年，因此，宋建要求与用人单位续签无固定期限劳动合同，用人单位应当与其签订无固定期限劳动合同。宋建在此期间向单位提出签订无固定期限劳动合同的要求，符合《劳动合同法》的规定。法院遂判决用人单位依法与宋建签订无固定期限劳动合同。单位仍然不服，又提起上诉。二审法院在审理过程中，力主调解，双方自愿达成协议：用人单位同意一次性给付宋建经济补偿11万元，宋建放弃要求用人单位与其续签无固定期限劳动合同的诉求（宋建距法定退休年龄还有不足5年时间，即使上班也拿不到11万的工资，何况他患有严重的脑血栓，并伴有高血压和心脏病，根本无法正常上班），选择获得高额补偿对他极为有利。

法律评析：

本案的争议焦点是应当适用《劳动法》还是适用《劳动合同法》。宋建的劳动合同于2007年12月31日期限届满，在正常情况下，按照《劳动法》的规定，劳动合同期限届满劳动合同即可终止。而本案的特殊之处在于：职工的劳动合同虽然到期，却是处于法律规定的医疗期间，而医疗期又是法律规定不得终止劳动合同的情形，而当医疗期满时，又正是《劳动合同法》颁布实施了三个多月之时。此时，规范劳动关系双方的法律依据当然是《劳动合同法》，而非用人单位所说的《劳动法》。

《劳动合同法》第14条规定，“劳动者在该用人单位连续工作满十年的”，“劳动者提出或者同意续订、订立劳动合同的”，“应当订立无固定期限劳动合同。”根据本条规定，只要出现了本条规定的任何一种情形，在劳动者主动提出续订劳动合同或者用人单位提出续订劳动合同，劳动者同意的情况下，就应当订立无固定期限劳动合同。而非像《劳动法》第20条规定的那样，当事人双方同意续延劳动合同的，才可以签订无固定期限劳动合同。《劳动合同法》规定的这个条件完全取决于劳动者的意思表示，与用人单位的意思表示无关，续订劳动合同意愿的主动权掌握在劳动者手中，无论用人单位是否同意续订劳动合同，只要劳动者提出，用人单位就必须同意续订，而且是订立无固定期限的劳动合同。因为《劳动合同法》强制推行无固定期限劳动合同，严格限制解雇行为，只要员工符合条件，企业如果没有与之订立无固定期限劳动合同，就应当承担法律责任。

《劳动合同法》第 45 条规定，“劳动合同期满，有本法第四十二条规定情形之一的，劳动合同应当续延至相应的情形消失时终止。”《劳动合同法》对于一些处于特殊困难阶段或者作出特殊贡献的劳动者予以了特殊保护，《劳动合同法》第 42 条规定在几种情形下的劳动者，用人单位不得解除劳动合同。《劳动合同法》第 42 条规定，“在本单位连续工作满十五年，且距法定退休年龄不足五年的”，“用人单位不得依照本法第四十条、第四十一条的规定解除劳动合同。”本案中，宋建的劳动合同期满时，正是法律规定应当续延劳动合同的情形，也是法定的不得终止劳动合同的情形，恰在此时又出现了符合法定续签无固定期限劳动合同的情形。《劳动合同法》规定，“在本单位连续工作满十五年，且距法定退休年龄不足五年的”，“劳动合同应当续延至相应的情形消失时终止。”而当宋建的劳动合同期满时，即出现了《劳动合同法》第 14 条规定的应当签订无固定期限劳动合同的情形，同时也符合《劳动合同法》第 45 条规定的不得终止劳动合同的情形。所以，劳动仲裁和一审法院均裁决用人单位与职工宋建签订无固定期限劳动合同，符合劳动合同法的规定。

4. 农民工应与城镇职工享有同等的养老保险待遇

基本案情：

时军是本地一家企业的农民工，从 1974 年开始到某铸造厂工作，每月工资 1080 元。2008 年 1 月 22 日，单位终止了已到期的劳动合同，但此时时军已在该单位工作了 34 年，且已超过了法定退休年龄 2 年多。时军在该厂工作期间，用人单位未为其缴纳社会保险，且在终止劳动合同时也未给予他任何补偿。时军认为这很不公平，遂辗转找到笔者。时军将事情经过介绍完后，恳求笔者能够替他维权，笔者明确向他表示，愿意无偿替他讨回公道。2008 年 9 月，笔者代时军向劳动争议仲裁委员会申请仲裁，要求铸造厂依法向时军支付退休金，或一次性支付养老保险待遇至 80 周岁，共计 151200 元。劳动仲裁委员会以时军超过法定退休年龄，不属于劳动仲裁受理范围，于2008年10月16日下达了不予受理通知书。2008年10月24日，笔者代时军向法院提起诉讼。一审法院认为：时军属于农业户口，现已到达退休年龄，不属于失业，因此要求单位为其办理退休手续或支付养老金的请求无法律和事实根据，判决驳回时军的诉讼请求。时军不服，于 2009 年 9 月 22 日上诉。

二审法院经开庭审理认为：根据双方签订的劳动合同，可以确定劳动合同关系。《劳动法》第 72 条规定，"用人单位和劳动者必须依法参加社会保险，缴纳社会保险费"，《劳动法》第 73 条规定，劳动者在退休的情况下，"依法享受社会保险待遇"。本案因铸造厂没有依法为劳动者缴纳社会保险费，导致职工不能在退休后从社会保险管理机构获得退休金。故用人单位应当向职工每月支付退休金。为维护劳动者与用人单位双方的利益，可参照当地最低工资标准确定时军的退休金数额。中级法院判决铸造厂自 2008 年 2 月起按每月 700 元的标准向时军支付退休金（每年按当地最低工资标准执行）。

法律评析：

本案主要涉及以下两个问题：

（1）用人单位是否应当为农民工缴纳社会保险？

在解答这个问题之前，应当明确一个问题，就是农民工与用人单位发生纠纷是否可以适用《劳动法》的相关规定来维护自己的权益。在这里我可以肯定地告诉大家，农民工也属于《劳动法》保护的对象。《劳动法》第

2条规定了其适用范围，即“在中华人民共和国境内的企业、个体经济组织（以下统称用人单位）和与之形成劳动关系的劳动者，适用本法。”也就是说，只要劳动者与我国境内的企业、个体经济组织之间形成劳动关系，即劳动者事实上已成为企业、个体经济组织的成员，为其提供有偿劳动，就适用《劳动法》。用人单位招用本地或外地的农村劳动者，即农民工，并与之形成了劳动关系，当然受到《劳动法》的制约和保护。原劳动部关于印发《关于贯彻执行〈中华人民共和国劳动法〉若干问题的意见》（劳部发〔1995〕309号）进一步明确了劳动法对农民工的适用范围，“公务员和比照实行公务员制度的事业组织和社会团体的工作人员，以及农村劳动者（乡镇企业职工和进城务工、经商的农民除外）、现役军人和家庭保姆等不适用劳动法。”

《宪法》第33条第2款规定，“中华人民共和国公民在法律面前一律平等。”1995年施行的《劳动法》第2条规定，“在中华人民共和国境内的企业、个体经济组织（以下统称用人单位）和与之形成劳动关系的劳动者，适用本法。”

根据国务院《社会保险费征缴暂行条例》第3条之规定，基本养老保险费的征缴范围包括：“国有企业、城镇集体企业、外商投资企业、城镇私营企业和其他城镇企业及其职工。”这里的“职工”包括所有与用人单位建立劳动关系的个人，不仅包括正式职工，也包括临时工，不仅包括户籍关系在本地的职工，也包括户籍关系在外地的职工，不仅包括城镇职工，也包括农民工。

劳动和社会保障部1999年3月20日发布的《关于贯彻两个条例扩大社会保险覆盖范围加强基金征缴工作的通知》（劳社部发〔1999〕10号）第2条规定，“农民合同制职工参加单位所在地的社会保险”。农民工作为企业的职工，按规定应参加城镇养老保险。原劳动部办公厅《职工基本养老保险个人帐户管理暂行办法》（劳办发〔1997〕116号）第1条规定，职工从参加工作的当月起，应由所在单位到当地社会保险经办机构为其办理基本养老保险参保手续，社会保险经办机构为其建立基本养老保险个人账户。作为企业职工的农民工，应按此办法建立养老保险个人账户。本案中，时军虽系农业户口，但根据上述法律规定，用人单位是必须为其建立并缴纳各种社会保险费的。然而，其单位没有按照法律规定为他缴纳养老保险，虽然双方的劳动合同已经终止，但单位为其缴纳劳动关系存续期间的养老保险费的义务并不能因此免除。由于时军从未缴纳过养老保险，补缴已不可能，因此单位应对其支付退休养老金。

（2）用人单位未为农民工缴纳养老保险，农民工能否享受退休待遇？

《劳动法》第73条规定，劳动者在退休情形下，“依法享受社会保险待遇”。

《劳动和社会保障部关于完善城镇职工基本养老保险政策有关问题的通知》（劳社部发〔2001〕20号）第4条规定，“参加养老保险的农民合同制职工，在与企业终止或解除劳动关系后”，“农民合同制职工在男年满60周岁、女年满55周岁时，累计缴费年限满15年以上的，可按规定领取基本养老金；累计缴费年限不满15年的，其个人帐户全部储存额一次性支付给本人。”农民工达到申领养老保险金的年龄条件和缴纳养老保险费的时间条件，可以按月领取养老金。根据《国务院关于建立统一的企业职工基本养老保险制度的决定》（国发〔1997〕26号）第5条的规定，“个人缴费年限累计满15年的，退休后按月发给基本养老金。”根据以上法律规定，农民工同样享受退休养老待遇。因本案的用人单位没有依法为当事人缴纳社会保险费，导致当事人不能在退休以后从社会保险管理机构获取退休金，故法院判决用人单位向时军支付退休金是符合相关法律规定的。如果用人单位能够依照法律规定，及时为时军缴纳养老保险，不仅会减轻企业的负担，而且也能让时军在退休后获得养老保险待遇。然而，用人单位违背法律规定，没有履行自己的义务，最终自食其果。

5. 国家机关不得强行解除工勤人员的劳动合同

基本案情：

刘永和赵传吉于1987年9月到金川公安分局下属的赵沟派出所从事协警工作。该派出所坐落于乡镇区域，下辖10多个村，负责38000多人口的治安管理工作，二人每月工资800元，由派出所按月支付工资。工作期间曾签过两次劳动合同，却在即将达到退休年龄时被单位突然解雇（至2009年2月被辞退时已连续工作22年），这让他们二人无论如何也接受不了，想不通，感到很委屈。“在这20多年中，我们工作兢兢业业，认认真真，把年轻时的大好时光都贡献在治安工作岗位上。积极配合公安民警，风里来、雨里去，起早贪黑，值班值宿。拆迁房屋、抓罪犯、搞计划生育、分地选举等艰难险重的工作，都是我们冲在最前面。现在一声令下就把我们撵回家，我们已经都是50多岁的人了，外出打工也没人要了，我们今后的老年生活怎么办啊？我们于2009年2月11日到公安分局寻求解决，也没人给我们答复，我们实在是没有办法，于是我们决定到北京上访。”

2009年3月16日，刘永和赵传吉到公安部递交上访材料，如实向公安部反映了他们的问题，希望通过信访能够妥善解决他们的问题。公安部接收了他们的材料，让他们回去等通知。2009年4月28日，国家信访局寄来书面回复，告知刘永等同志，“你们反映的问题，我们根据《信访条例》的有关规定，将转送到你们所在的省政府信访局。”在等待信访答复期间，经他人指点，他们找到了笔者，向笔者叙述了事情的经过。2009年5月11日，他们授权委托笔者作为他们的代理人，代他们向公安分局递交材料，就双方的劳动合同、社会保险以及恢复劳动关系等事宜与分局进行交涉和谈判。笔者接受委托后，决定免费为他们提供法律援助。经过多次与公安分局协商，同时向分局说明国家机关和与之建立劳动关系的劳动者也适用《劳动法》的规定。该公安分局经研究，最终决定同意恢复刘永、赵传吉的工作岗位，并为其补签了劳动合同，补缴了社会保险，同时补发了他们离岗期间的工资报酬，并向二人下发了关于刘永、赵传吉上岗工作的通知，通知内容如下：

刘永、赵传吉同志，现书面通知你二人于2009年9月24日上午8时，到赵沟派出所巡防岗位工作。分局将从2009年9月24日上午8时，开始对你二人进行考勤，从考勤之日开始计勤，逾期未到岗工作，连续旷工15日或一年累计旷工30日，分局将根据相关规定按旷工予以除名并解除劳动关系。

特此通知

金川公安分局

2009年9月23日

二人收到通知书十分高兴，第二天即到岗位工作。赵传吉于2012年2月9日到达法定退休年龄，派出所依法为其办理了退休手续，现已享受退休养老待遇。刘永至今仍在该派出所工作。

法律评析：

该案的特别之处是，国家机关解除符合续延无固定期限劳动合同的劳动者的劳动合同，同时还符合劳动法规定的不得解除劳动合同情形的劳动者须承担什么法律责任。

《劳动法》第2条第2款规定，“国家机关、事业组织、社会团体和与之建立劳动合同关系的劳动者，依照本法执行。”原劳动部关于印发《关于贯彻执行〈中华人民共和国劳动法〉若干问题的意见》（劳部发〔1995〕309号）第3条规定，“国家机关、事业组织、社会团体实行劳动合同制度的以及按规定应实行劳动合同制度的工勤人员；实行企业化管理的事业组织的人员；其他通过劳动合同与国家机关、事业组织、社会团体建立劳动关系的劳动者，适用劳动法。”

刘永与赵传吉自1987年9月即到该派出所工作，一直由派出所按月发放工资，且已连续工作20多年，其间曾签过两次劳动合同。双方存在的劳动关系所产生的争议，应当适用《劳动法》的规定进行调整和规范。在《劳动合同法》颁布之前，用人单位违法解除劳动合同的，实践中基本上是按照《劳动部〈违反和解除劳动合同的经济补偿办法〉的通知》（现已失效）的规定，“根据劳动者在本单位工作年限，每满一年发给相当于一个月工资的经济补偿金”处理的。由于违法解雇行为并未给违法单位增加额外成本，导致大量用人单位强行解除劳动者的劳动合同，严重损害了劳动者的合法权益。本案的争议发生时，《劳动合同法》已施行，按照《劳动合同法》的规定，用人单位违法解除劳动合同除应支付经济补偿金外，还应支付经济补偿标准的2倍向劳动者支付赔偿金。《劳动合同法》第48条还作出一项新规定，“用人单位违反本法规定解除和终止劳动合同，劳动者要求继续履行劳动合同的，用人单位应当继续履行；劳动者不要求继续履行劳动合同或者劳动合同已经不能继续履行的，用人单位应当依照本法第八十七条规定支付赔偿金。”用人单位违反《劳动合同法》第42条的规定，在法律明确规定不得解除劳动合同的情形下解除劳动合同，应当依照《劳动合同法》第47条规定的经济补偿标准的2倍向劳动者支付赔偿金。而《劳动合同法》第42条第5项的具体规定是，“在本单位连续工作满十五年，且距法定退休年龄不足五年的”，禁止用人单位解除劳动合同。赵传吉至2009年2月已在该单位连续工作22年，且距法定退休年龄不足3年，完全符合法定的不得解除劳动合同的情形；而刘永同样也在该单位连续工作22年，虽然距法定退休年龄超过5年，但却符合《劳动合同法》第14条规定的应当续签无固定期限劳动合同的情形，同时也符合视为用人单位与劳动者已订立无固定期限劳动合同的情形。故用人单位也不应解除其劳动合同。根据《〈中华人民共和国企业劳动争议处理条例〉若干问题解释》（现已失效）第21条的解答，《条例》第39条中的“工人”，“包括与国家机关、事业单位、社会团体依法确立劳动关系的固定工人、合同制工人、临时工人等。”该公安分局恢复其二人的工作岗位，并与其续签合同，符合法律的相关规定。

6. 国家机关与没有签订劳动合同的职工之间存在劳动关系

基本案情：

郑克林等11人是某法院的汽车司机，他们从1996年至2003年陆续到该法院工作，每月工资950元。至2009年，分别在该法院工作7年至14年不等，双方未签订书面劳动合同，他们经常为此感到焦虑和不安。工作期间，他们也曾多次要求法院与他们签订劳动合同，但法院却始终置之不理。郑克林等人经过多方咨询并求助多家律师事务所，但没有律师愿意接手他们的案子。后他们辗转找到笔者，并于2009年8月11日授权笔者并签署授权委托书，委托笔者作为他们11人的代理人。

2009年8月21日，笔者代郑克林等11人将该法院投诉至市劳动行政执法部门。劳动监察部门立即通知法院领导说明情况，并下达了限期整改指令书。2009年8月27日，法院领导通知笔者到法院协商签合同缴保险等事宜，谈判用时将近两小时。2009年9月1日，法院领导再次与笔者当面商谈补缴社会保险的具体办法。经过两次协商谈判，法院给予其中5人每人补偿1万余元，并签订无固定期限劳动合同，同时上调工资每月1400余元，合同起始时间自进入法院时起；另6人提出不愿签订劳动合同，要求法院给予赔偿后解除劳动关系，法院给予了他们最低5万元最高8.6万元的赔偿后与他们解除了劳动关系。郑克林未能与法院达成协议，法院于2010年3月30日向郑克林出具了解除劳动合同证明书，同时给予其4.4万元的赔偿款。郑克林对该赔偿数额表示不满意，授权委托笔者于2010年4月2日向劳动仲裁委员会申请仲裁。2010年5月6日，劳动仲裁开庭审理此案并从中主持调解。2010年5月28日，劳动仲裁委员会通知笔者到劳动争议仲裁院与法院领导再次调解，最终达成调解协议。劳动仲裁委员会于2010年6月13日向当事人双方下达仲裁调解书，法院同意一次性给付郑克林经济补偿、2倍工资、社会保险费、年假工资等共计6万元。全国首例人民法院赔偿11名职工近50万元的劳动争议案件至此了结。

法律评析：

本案的争议焦点主要是郑克林等11人与该法院之间是否属于事实劳动关系。

这又是一起在国家机关与劳动者之间发生的争议，《劳动部办公厅对〈关于临时工等问题的请示〉的复函》（劳办发〔1996〕238号）中指出，"《劳动法》施行后，所有用人单位与职工全面实行劳动合同制度，各类职工在用人单位享有的权利是平等的。"关于机关、事业单位、社会团体中的工勤人员包括哪些人员以及是否适用《劳动法》问题。

《劳动法》第2条第2款规定，"国家机关、事业组织、社会团体和与之建立劳动合同关系的劳动者，依照本法执行。"劳动法主要是调整劳动关系的，国家机关、事业组织、社会团体和与之签订劳动合同的劳动者属于劳动关系，那么，国家机关、事业组织、社会团体与没有与之签订劳动合同的劳动者，是否属于劳动关系呢？《劳动部办公厅对〈关于临时工等问题的请示〉的复函》（劳办发〔1996〕238号）对此给予了明确解答。而原劳动部《关于〈劳动法〉若干条文的说明》对此也作了解释，《劳动法》第2条第2款所指劳动法的劳动者的适用范围包括：国家机关、事业组织、社会团体的工勤人员。其他通过劳动合同（包括聘用合同）与国家机关、事业单位、社会团体建立劳动关系的劳动者。

《劳动部关于贯彻执行〈中华人民共和国劳动法〉若干问题的意见》（劳部发〔1995〕202号）规定的《劳动法》的适用范围排除了公务员和比照实行公务员制度的事业组织和社会团体的工作人员。2008年出台的《劳动合同法》第2条对此予以明确，国家机关、事业单位、社会团体中的工作人员、只要不是公务员和参照公务员法管理的工作人员与国家机关、事业单位、社会团体之间建立的也是劳动关系，受《劳动合同法》的约束。本案中的郑克林等11人与该法院的争议，是在《劳动合同法》实施后，应纳入劳动合同争议中处理。《劳动合同法》在《劳动法》的基础上，扩大了适用范围，增加了民办非企业单位等组织作为用人单位，并将国家机关、事业单位、社会组织聘用的工作人员也纳入《劳动合同法》的调整范围。郑克林等11人自《劳动法》颁布后的1996年开始陆续到该法院工作，一直由该法院支付工资，根据《劳动部办公厅对〈关于临时工等问题的请示〉的复函》（劳办发〔1996〕238号）的规定，他们与法院之间形成的是事实劳动关系并且应当受到《劳动法》和《劳动合同法》的调整和保护。《劳动合同法》特别明确了国家机关、事业单位、社会团体和与其建立劳动关系的劳动者，“订立、履行、变更、解除或者终止劳动合同”，应当依照《劳动合同法》执行，而不是《劳动法》规定的“国家机关、事业组织社会团体和与之建立劳动合同关系的劳动者”，依照《劳动法》执行。表面看来这只是词序上的区别，其深层的意义却是国家机关、事业单位、社会团体与非公务员体系的劳动者必须签订劳动合同，加强了对劳动者的保护。

7. 职工在工作岗位上突发疾病死亡应当认定为工亡

基本案情：

2009年12月，贺建明到某汽车服务有限公司从事汽车司机工作，每月工资1300元，双方未签订书面劳动合同。2010年3月19日上午8点多，贺建明在工作岗位上突发心脏病，同事将其紧急送往急救中心，经医生全力抢救50分钟后，医生宣布，心脏骤停无法救治，贺建明死亡，当时由用人单位结算了抢救费用。事后，其76岁的老母亲向单位提出了死亡赔偿要求，但公司不但不同意赔偿，还不承认双方存在劳动关系，老人为此十分难过，四处打听希望能有人帮她讨要赔偿，后经人指点，老人找到了笔者。老人的一番哭诉，笔者从内心深处同情这位无助的老人。据老人讲述，她的儿子贺建明已与妻子离异多年，有一个12岁的孙子，一直和她相依为命，如今贺建明突然去世，让她感到天都塌下来了。笔者立即安慰老人，并明确向她表示，愿意免费为她争取赔偿。但要想得到赔偿，没有那么容易，劳动者与用人单位存在劳动关系才是获得赔偿的基础，确认了劳动关系才能申请工伤认定。

2010年4月22日，本人代贺建明的母亲向开发区劳动争议仲裁委员会申请仲裁，请求劳动仲裁委员会确认双方存在劳动关系。劳动仲裁委员会于2010年5月10日开庭审理。庭审中，笔者向仲裁庭提供了公证书、死亡证明、医院急诊病历和单位结算抢救费用的医疗费收据以及同事的证言等。劳动仲裁委员会认为，笔者在用人单位工作期间，单位按月发放工资，双方符合法律规定的主体资格，贺建明方提供的证据能够证明双方之间存在劳动关系，故应当确认贺建明与该汽车服务有限公司之间存在劳动关系。

劳动仲裁委员会于2010年5月10日作出裁决，确认贺建明自2009年12月起至2010年3月19日止，与该汽车服务有限公司之间存在事实劳动关系。仲裁裁决作出后，用人单位未起诉，裁决发生法律效力。劳动关系认定后，笔者又于2010年6月7日向开发区劳动部门申请工伤认定，2010年9月27日，开发区劳动和社会保障局作出工伤认定决定书，认定贺建明的死亡属于工亡。此时，用人单位已经无话可说，只能面对现实。双方经过多次协商，最终达成调解协议，该汽车服务有限公司同意一次性给付贺建明家属20万元，包括贺建明的死亡补偿费、丧葬费、直系亲属一次性救济费、直系供养亲属救济费、赡养费及其家属的精神抚慰金等。

法律评析：

本案的争议焦点在于贺建明与其所在的用人单位是否存在劳动关系，因为工伤认定的前提必须是劳动关系已经确定下来。而在实践当中，用人单位往往并不与劳动者签订书面劳动合同，劳动者也不重视劳动关系的确立，直到发生工伤、用人单位否认劳动关系时，劳动者才意识到劳动合同的重要性。劳动关系的确认是认定工伤的前提。劳动关系的确定对劳动者而言具有极为重要的意义，存在劳动关系就意味着劳动者可以受到《劳动法》的保护，因工受伤和死亡就可以依法享受工伤待遇，获得工伤赔偿。《工伤保险条例》《工伤认定办法》均规定，申请工伤认定，受伤害的职工必须向工伤认定机构出具证据，证明自己与用人单位存在劳动关系。也就是说，劳动者在申请工伤认定时，必须首先证明自己与用人单位存在劳动关系。确定存在劳动关系后才能申请工伤认定，被认定为工伤（工亡）才能谈到赔偿问题。所以，劳动关系对劳动者相当重要。

2005年5月25日《劳动和社会保障部关于确立劳动关系有关事项的通知》（劳社部发〔2005〕12号）就用人单位与劳动者未订立书面劳动合同，劳动者如何举证、如何认定事实劳动关系作出了明确的解释。未签订书面劳动合同，只要劳动者提供了证明劳动关系存在的凭证，包括支付凭证或记录，缴纳各项社会保险费的记录，用人单位向劳动者发放的工作证、服务证等能够证明身份的证件，劳动者填写的用人单位招工登记表、报名表等招工记录、考勤记录以及其他劳动者的证言等，就可以认定用人单位与劳动者的事实劳动关系成立（劳动合同法施行后将有所不同）。

《工伤保险条例》第15条第1项规定，“职工在工作时间和工作岗位，突发疾病死亡或者在48小时之内经抢救无效死亡的”，“视同工伤。”突发疾病有两种解释，第一种是狭义的理解，即发病前职工本人不知自己患有疾病，发病前未进行过任何针对疾病的治疗，在工作时间和工作岗位，疾病突然发生；第二种是广义的理解，除包括前述情形外，还包括职工患有先天性疾病、间歇性疾病、慢性疾病或其他已有症状且职工本人也已知晓的疾病，在工作时间和工作岗位，疾病突然发作的情形。当法律条文存在或出现两种及两种以上的理解时，就要对该条文进行解释。《工伤保险条例》立法目的在于加强对处于弱势的劳动者的基本权益的保障，因此，应作出对劳动者有利的解释。只要是在工作时间和工作岗位疾病以较快的速度发作，并导致职工在工作岗位死亡或48小时之内经过抢救无效死亡的，就属于《工伤保险条例》规定的突发疾病情形。哪怕在此之前疾病的症状已经显现，劳动者本人也知道。这就是说，不管是什么疾病，只要是在工作时间和工作岗位突然发作，就是突发疾病。

本案中，贺建明在工作岗位突发疾病死亡，属于工伤范畴。因此，根据《工伤保险条例》，贺建明理应获得丧葬费、供养亲属抚慰金和一次性工亡补助金等相关死亡赔偿。

8. 用人单位未参加社会保险，职工发生的医疗费应由用人单位承担

基本案情：

家住瓦房店市的汪功连于2012年2月28日到某机械设备安装有限公司工作，岗位为厨师，双方未签订书面劳动合同，工资每月3000元。2012年8月2日，单位将其调往一个临时安装工地工作。2012年8月7日，汪功连在工作岗位上突发脑出血，工友将其送到医院急诊科抢救并住院治疗，2012年8月17日病愈出院。但回到家中第2天又再一次发病，家人紧急将其送往当地医院又住院治疗，于2012年8月27日出院。由于第2次发病

时间急促，未及时通知单位，医疗费用都是由汪功连个人支付的。出院后休病假期间，单位未发病假工资，工作期间因单位未给缴纳社会保险，也不享受医疗保险待遇，住院产生的医疗费还要个人支付。从患病休假到痊愈连续3个多月没有经济来源，汪功连的生活十分艰难。汪功连到单位要求企业承担其个人垫付的医疗费以及病假工资却遭到拒绝，汪功连无奈找到总工会寻求帮助，总工会向其推荐笔者为其提供法律援助。

2012年10月31日，汪功连授权委托笔者为其诉讼委托代理人，2012年11月15日，笔者代汪功连申请劳动仲裁，要求用人单位支付拖欠汪功连的工资4500元，25%的经济补偿1125元，单位应承担的3项社会保险费7200元，未签订书面劳动合同的双倍工资21000元，病假工资2800元和个人垫付的住院医疗费1600元。2012年12月4日，劳动仲裁委员会开庭审理，劳动仲裁委员会认为，汪功连提供的证据能够证明双方存在劳动关系，劳动仲裁委员会在查清事实的基础上，对该案进行调解，经双方当事人协商自愿达成调解协议。劳动仲裁于2012年12月13日下达了仲裁调解书，用人单位同意当庭以现金的形式向汪功连一次性支付人民币15000元。

法律评析：

本案主要涉及两个问题，一是劳动者与用人单位未签订书面劳动合同，是否可以认定存在劳动关系；二是用人单位没有为职工缴纳基本医疗保险，是否应承担职工因病发生的医疗费用。

劳动关系是劳动者与用人单位之间依据劳动法律规范形成的权利和义务关系。我国《劳动法》规定，建立劳动关系应当签订书面劳动合同，但在现实生活中，由于各种各样的原因，劳动者与用人单位之间没有签订书面劳动合同而发生劳动关系的现象普遍存在。在这种情况下，就可能形成所谓的事实劳动关系（在《劳动合同法》实施后，所谓的事实劳动关系已不存在，合法状态下的事实劳动关系仅有一个月），虽然事实劳动关系不符合《劳动法》规定的基本形式要求，但在《劳动合同法》之前的《劳动法》仍将其纳入调整范围。1995年原劳动部颁布的《关于贯彻执行〈中华人民共和国劳动法〉若干问题的意见》第2条规定，“中国境内的企业、个体经济组织与劳动者之间，只要形成劳动关系，即劳动者事实上已成为企业、个体经济组织的成员，并为其提供有偿劳动，适用劳动法。”虽然用人单位与劳动者之间没有签订书面劳动合同，只要存在事实劳动关系，就可适用《劳动法》的相关规定。《最高人民法院关于审理劳动争议案件适用法律若干问题的解释》第1条第2项也明确规定，“劳动者与用人单位之间没有订立书面劳动合同，但已形成劳动关系后发生的纠纷”，“属于《劳动法》第二条规定的劳动争议”。本案中，根据用人单位为汪功连以支票形式支付了第1次住院医疗费用的结算单位名称以及单位为其发放工资的事实，可以认定双方之间存在劳动关系。

医疗保险是当人们生病或受到伤害后，由国家或社会给予物质帮助，提供医疗服务或经济补偿的一种社会保障制度。《劳动法》第70条规定，“国家发展社会保险事业，建立社会保险制度，设立社会保险基金，使劳动者在年老、患病、工伤、失业、生育等情况下获得帮助和补偿。”可见，医疗保险具有社会保险的强制性、互济性、社会性等基本特征，通常由国家立法强制实施。《劳动法》第72条规定，“社会保险基金按照保险类型确定资金来源，逐步实行社会统筹。用人单位和劳动者必须依法参加社会保险、缴纳社会保险费。”同时，《劳动法》第73条第1款还规定，“劳动者在下列情形下，依法享受社会保险待遇：（一）退休；（二）患病、负伤；（三）因工伤残或者患职业病；（四）失业；（五）生育。”所以，用人单位应该为职工缴纳医疗保险，用人单位未按规定缴纳基本医疗保险的，在此期间所发生的由统筹基金支付的医疗费用均应由用人单位全额承担。本案中，用人单位没有为劳动者办理医疗保险，因此，职工在离开单位前所产生的医疗费用应该由用人单位全部负担。医疗保险制度是由用人单位和职工个人共同缴纳，并建立专项基金，为劳动者在患病和非因工负伤时提供保障的一种社会救助制度，所有用人单位都要参加基本医疗保险。为劳动者缴纳基本医疗保险是每一个用人单位应尽的义务，劳动者在劳动期限内也有权享受基本医疗保险带来的实惠。本案中，用人单位拒不为职工缴纳医疗保险的行为违法，因此，通过劳动仲裁，由用人单位承担该职工的住院医疗费是符合法律规定的。

9. 用人单位因经营困难而与职工解除劳动合同，应支付经济补偿

基本案情：

赵杰等120余人自1989年至2008年先后来到某服装厂工作，自2008年开始，单位陆续与他们签订了无固定期限劳动合同。2013年，公司经营不善，长期亏损，遂于2013年10月28日与职工协商解除劳动合同。公司提出的经济补偿方案是：按职工在本单位工作年限，以每满一年支付一个月工资的标准向劳动者支付经济补偿金。大部分职工同意该补偿方案并签字领取了经济补偿，而赵杰等40余名职工不同意该方案。恰在此时，公司于2013年11月6日获得政府部门“同意提前终止经营”的批复，这意味着公司将面临清算和解散。因此，公司对于该40余名职工的经济补偿又给出了第二套方案，即终止劳动合同的经济补偿从2008年起算，这将意味着该40余名职工无论在该单位工作多长时间，都只能拿到6个月的经济补偿金。于是他们集体到法律援助中心申请法律援助，中心指派笔者为他们提供法律援助。2013年12月3日，笔者代这40余名职工与该公司负责人进行当面协商和谈判，并于2013年12月5日、11日再次与公司负责人进行

商谈，最终企业同意按第一套方案支付这40余人的经济补偿金，即按职工进入公司的全部工作年限为标准计算经济补偿。

法律评析：

本案的核心在于，公司在注销前应如何处理劳资纠纷。

用人单位因为经营困难而与职工协商解除劳动合同，应当向劳动者支付经济补偿。《劳动合同法》第44条第5项规定，“用人单位决定提前解散的”，“劳动合同终止”。《中华人民共和国公司法》规定，“公司经营管理发生严重困难，可以请求人民法院解散公司”。因此，在公司解散的情况下，劳动合同由于缺乏一方主体而归于终止。也就是说，此时已出现了《劳动合同法》规定的劳动合同终止的法定情形，即劳动关系由于一定法律事实的出现而终结。《劳动合同法实施条例》第19条对此也作了进一步规定，“用人单位生产经营发生严重困难的”，“依照劳动合同法规定的条件、程序，用人单位可以与劳动者解除固定期限劳动合同、无固定期限劳动合同或者以完成一定工作任务为期限的劳动合同”。依照《劳动合同法》第46条第6项之规定终止劳动合同的，用人单位应当向劳动者支付经济补偿。由此可见，即使是因公司经营困难提前终止经营而解散所导致的劳动合同终止，用人单位仍应向劳动者支付一笔经济补偿金。

依照《劳动合同法》第44条第5项的规定，公司注销是劳动合同终止的法定条件，因此，公司注销时劳动合同即行终止。《劳动合同法》第46条规定，因公司注销而劳动合同终止的，应当支付劳动者经济补偿。而依照《劳动法》，劳动合同终止，用人单位是不用支付劳动者的经济补偿金的。根据《劳动合同法》第97条第3款的规定，劳动合同终止经济补偿应分段计算，2008年以前无须支付，2008年以后依照《劳动合同法》第47条之规定，“经济补偿按劳动者在本单位工作的年限，每满一年支付一个月工资的标准向劳动者支付。”

本案的用人单位于2013年11月6日得到政府部门同意，提前终止经营，并拿到了书面批复文件，接下来公司将依法注销。此时就出现了法定终止劳动合同的情形。在此之前，用人单位在支付另外80余名职工经济补偿标准时是按照双方协商解除劳动合同所达成的协议支付的，而此时用人单位按照《劳动合同法》的相关规定，自2008年开始向该40余名职工支付经济补偿，并不违反法律规定。但经笔者与用人单位多次协商，用人单位最终还是按照职工在本单位的实际工作年限支付了经济补偿。

10. 用人单位不为农民工缴纳社会保险，职工有权解除合同，并可获得经济补偿

基本案情：

齐寄是一个农民，于2012年6月3日到某电气有限公司从事售后服务工作，双方签订了书面劳动合同，合同于2012年6月4日生效，2015年6月3日终止，每月工资4000元。2014年11月9日，齐寄在夜间不慎从4楼宿舍坠地摔伤，被舍友紧急送往医院抢救。经CT检查，全身多处骨折，但无生命危险。住院治疗期间，因单位未为其缴纳社会保险，故治疗费用5万余元均由齐寄个人支付。出院后，齐寄找到单位，要求单位承担医疗费，单位不予理睬。齐寄一气之下向单位提出辞职，并提交了辞职报告，随后将问题反映到总工会权益部。2014年11月14日，总工会指派笔者为农民工齐寄提供法律援助。2014年12月22日，笔者代齐寄向劳动仲裁委员会提出申请，要求单位补缴社会保险，支付病假工资并承担齐寄因摔伤住院所产生的医疗费用合计58000余元。劳动争议仲裁委员会于2015年1月20日开庭审理此案，并当庭主持调解，使双方自愿达成调解协议。用人单位同意一次性支付齐寄住院期间的医疗费、劳动关系存

续期间的工资、保险等。

法律评析：

关于用人单位应否为农民工缴纳社会保险的问题，笔者在第二篇中已经明确阐述，并引用多部法律法规，说明用人单位必须要为农民工办理社会保险，这里不再赘述。养老、失业保险制度设立的目的是保证劳动者在达到退休年龄、退出劳动岗位或者暂时失去工作的情况下能享受基本的物质生活保障。如用人单位未为农民工缴纳养老、失业保险，有关部门应责令用人单位补缴。

《劳动合同法》第38条规定，“用人单位有下列情形之一的，劳动者可以解除劳动合同：（一）未按照劳动合同约定提供劳动保护或者劳动条件的；（二）未及时足额支付劳动报酬的；（三）未依法为劳动者缴纳社会保险费的”。处于上述情形下的劳动者可以随时通知用人单位解除劳动合同而不必事先告知用人单位。劳动者依据上述理由解除劳动合同的，可以向用人单位主张经济补偿金。

社会保险是指对劳动者在患病、伤残、失业、工伤、年老以及其他生活困难情况下，由国家给予物质帮助的制度。《宪法》第45条规定，“中华人民共和国公民在年老、疾病或者丧失劳动能力的情况下，有从国家和社会获得物质帮助的权利。”《宪法》赋予我国公民的这一基本权利，就劳动者而言，主要是通过社会保险来实现。《劳动法》第72条规定，“用人单位和劳动者必须依法参加社会保险，缴纳社会保险费。”《劳动合同法》比《劳动法》更进一步，规定用人单位未依法为劳动者缴纳社会保险费的，劳动者不仅可以随时解除劳动合同，还可以要求用人单位支付经济补偿金，并要求用人单位追缴社会保险费。《社会保险费征缴暂行条例》（国务院令第259号）第4条规定，“缴费单位、缴费个人应当按时足额缴纳社会保险费。”缴纳社会保险费是用人单位和劳动者的法定义务。

在实践中，对用人单位来说，不缴纳社会保险费的做法风险极大，即使员工主动要求不缴纳社会保险也不行，因为一旦员工单方面解除劳动合同，用人单位既要补缴社会保险，又要支付经济补偿金。对劳动者来说，用人单位应当按照职工的工资基数缴纳社会保险费用，这里的“工资”包括基本工资、绩效工资、岗位工资等应发工资，用人单位不依法定缴费基数或低于法定缴费基数为职工缴纳社会保险的做法都是违法的。

11. 用人单位未为农民工缴纳工伤保险，职工受伤也能认定为工伤

基本案情：

2014年7月15日，农民工尚洲开始到某机械设备有限公司从事铣床工作，双方签订了一年期的劳动合同，每月工资4000元。2014年8月5日，尚洲在单位操作铣床工作时，不慎将右手弄伤，被诊断为右手食指中节骨折，右手小指近节骨折，共花去医疗费852元。伤情稳定后，尚洲找单位协商赔偿费用，未果。2014年9月25日，尚洲向人力资源和社会保障局申请工伤认定，人社局于2015年4月7日出具工伤认定书，认定尚洲的右手外伤为工伤。后经当地劳动能力鉴定委员会于2015年5月27日评定为十级伤残。

2015年6月12日，尚洲来到法律援助中心申请法律援助，援助中心指派笔者为尚洲提供法律援助。笔者接受委托后，首先于2015年6月16日代尚洲以邮政特快专递的方式，向他的用人单位邮寄了一份解除劳动合同通知书。该通知书载明，因单位违反《劳动合同法》第38条第3项的规定，迫使本人提出解除劳动合同，劳动合同自本通知书送达之日起解除。按照《工伤保险条例》的规定，职工因工致残被鉴定为十级伤残的，可享受一次

性工伤医疗补助金和伤残就业补助金。前提是劳动合同期满终止，或者职工本人提出解除劳动合同，才能获得上述补偿。尚洲于劳动关系解除后的2015年6月19日向劳动争议仲裁委员会申请仲裁，要求单位支付一次性伤残补助金28000元、一次性工伤医疗补助金34454元、伤残就业补助金32000元和医疗费852元。劳动仲裁委员会受理后，支持了上述全部请求，于2015年7月14日裁决该机械设备有限公司支付尚洲一次性伤残补助金、一次性工伤医疗补助金和伤残就业补助金共计95306元。该公司不服，于2015年7月29日诉至法院，法院经开庭审理后，于2015年9月23日仍然判决该公司支付尚洲一次性伤残补助金等共计95306元。判决作出后，该单位仍不服，又提起上诉，二审法院终审维持了一审判决。

法律评析：

本案的争议焦点是，应参加而未参加工伤保险期间，单位职工发生工伤的，费用如何处理。按照《工伤保险条例》的规定，用人单位为职工缴费参加社会工伤保险是法定义务。同时，《工伤保险条例》（国务院令第375号）第60条规定，“用人单位依照本条例规定应当参加工伤保险而未参加的，由劳动保障行政部门责令改正；未参加工伤保险期间用人单位职工发生工伤的，由该用人单位按照本条例规定的工伤保险待遇项目和标准支付费用。”也就是说，当用人单位没有履行缴费参加工伤保险的法定义务、单位职工又发生工伤时，用人单位必须按照上述文件规定的项目和标准为职工支付工伤保险费用。如果用人单位拒不按规定支付工伤费用或逾期不支付，除劳动保障行政部门应责令用人单位限期支付外，工伤职工也可以依法申请劳动仲裁或提起诉讼。

工伤保险责任以劳动关系的建立为基础，劳动关系一旦建立，用人单位就必须对劳动者承担劳动保护义务，包括参加工伤保险、承担工伤保险责任等。

工伤保险责任是用人单位未能履行对劳动者的安全保护义务而应承担的违约责任，适用无过错补偿原则，即一旦劳动者被认定为工伤，用人单位即应承担完全责任，而不考虑劳动者本身是否有过错。本案中，尚洲经劳动保障部门认定为工伤且被鉴定为十级伤残，其用人单位未为尚洲办理工伤保险，应当按照《工伤保险条例》的规定对尚洲的工伤承担相应的赔偿责任。

劳动者享受的工伤保险待遇，如一次性伤残补助金、一次性工伤医疗补助金和伤残就业补助金、护理费、供养亲属补助金等，一般按本人工资或上年度统筹地区职工月平均工资为基数计算。尚洲自发生工伤被鉴定为十级伤残后，即与用人单位协商赔偿问题，但用人单位一直回避，不予配合，后来的一裁二审均裁决用人单位赔偿尚洲因工伤而应支付的赔偿费用。尚洲以用人单位违反《劳动合同法》第 38 条第 3 项，主动提出与用人单位解除劳动合同。而劳动关系一旦解除，用人单位与劳动者之间的因劳动关系产生的权利和义务就都将消失。根据《工伤保险条例》（国务院令第 375 号）第 35 条第 2 项的规定，“劳动合同期满终止，或者职工本人提出解除劳动合同的，由用人单位支付一次性工伤医疗补助金和伤残就业补助金。”

12. 劳动者达到退休年龄未享受养老待遇，用人单位继续用工，双方仍是劳动关系

基本案情：

周正山于 1993 年 4 月到某房地产开发有限公司从事门卫工作，建立劳动关系后，该公司未与其签订劳动合同，也未为其缴纳社会保险费。2001 年，双方签订了书面劳动合同，每月工资也涨到 2000 元。2006 年 3 月，周正山达到法定退休年龄，但该公司未依法为其办理退休手续，仍对周正山继

续用工。2016年2月9日，周正山在工作岗位上突发急性心肌梗死，被送到医院抢救并住院治疗，住院期间个人支付医疗费35852元。出院后，周正山要求单位报销医疗费，双方未就医疗费数额达成一致，2016年2月26日，周正山到法律援助中心申请法律援助，法律援助中心指派笔者向周正山提供法律援助。笔者于2016年3月7日向劳动争议仲裁委员会申请仲裁，劳动仲裁经审查，不予受理。笔者又于2016年3月9日代周正山起诉到法院，要求该公司支付住院医疗费35852元，并支付自2006年4月开始的退休金每月1530元。

法院经审理认为，周正山于2006年3月4日达到法定退休年龄，但没有享受基本养老保险待遇，仍在原单位继续工作，不符合劳务关系条件。用人单位一直没有为其缴纳社会保险，使其无法享受养老保险待遇。一审法院判决该公司向周正山支付养老保险费68737元，并承担住院期间所产生的医疗费用35852元。

该公司不服判决，上诉至中级人民法院。二审法院经审理认为，周正山于2006年3月4日年满60周岁，达到法定退休年龄。根据《中华人民共和国劳动合同法实施条例》第21条之规定，双方劳动合同终止。故判决撤销一审法院判决的被告向原告支付的养老保险费用，就连医疗费用也仅支持了一半，即17926元。拿到二审判决后，笔者继续上诉至高级人民法院。再审审理过程中，法院力主调解，使双方当事人自愿达成调解协议，经法院确认，于2018年10月16日下达民事调解书，由该公司一次性再给予周正山经济补偿10万元人民币（不包括终审判决的医疗费17926元）。

法律评析：

这是一起因劳动者要求支付医疗费和养老保险待遇而引发的案件，但本案的争议焦点却是：劳动者到达退休年龄而未办理退休手续继续工作的，双方是否存在劳动关系？

二审法院根据《中华人民共和国劳动合同法实施条例》第 21 条的规定，认定周正山于 2006 年 3 月年满 60 周岁，且已达到法定退休年龄，双方劳动关系终止的认定是欠妥的。职工达到或者超过法定退休年龄，未依法享受养老保险待遇且仍在原单位继续工作的，双方的关系仍是劳动关系。《劳动合同法》第 44 条第 2 项规定，“劳动者开始依法享受基本养老保险待遇的”，“劳动合同终止。”本条规定并没有以达到退休年龄作为劳动合同终止的条件，“如果劳动者达到了退休年龄但并没有依法享受基本养老保险待遇的，除国家另有规定的外，其劳动合同并不终止。”①

一审法院的依据是《最高人民法院关于审理劳动争议案件适用法律若干问题的解释（三）》第 7 条的规定，“用人单位与其招用的已经依法享受养老保险待遇或领取退休金的人员发生用工争议，向人民法院提起诉讼的，人民法院应当按劳务关系处理。”由此可见，认定劳动者与用人单位是否存在劳动关系的依据是劳动者是否已经享受职工基本养老保险待遇或领取退休金。本案中的周正山于 2006 年 3 月 4 日后虽已年满 60 周岁，达到法定退休年龄，但并没有享受基本养老保险待遇，仍然在原单位继续工作，不符合劳务关系认定的条件，故法院判决该公司向周正山支付养老保险待遇。《劳动法》第 73 条规定，劳动者退休是依法享受社会保险待遇的前提，如果劳动者具备了退休条件但没有享受基本养老保险待遇，按照《劳动合同法》的规定，劳动合同不终止②。那么本案中的周正山在年满 60 周岁之后，与其用人单位之间究竟是劳动关系还是劳务关系呢？

二审法院根据《中华人民共和国劳动合同法实施条例》第 21 条之规定认为，本案中的周正山已达到法定退休年龄，劳动合同终止。但当劳动

---

① 信春鹰：《中华人民共和国劳动合同法释义》，法律出版社 2007 年版，第 168 页。

② 胡仕浩主编：《劳动法司法解释理解与运用・典型案例裁判理由》，中国法制出版社 2011 年版，第 131 页。

者达到法定退休年龄时，用人单位应当依法为劳动者办理退休手续，这是用人单位应履行的法定义务，也是合同附随义务。用人单位未为职工办理退休手续而让其继续工作的，劳动关系仍在延续，且从《劳动合同法》第44条第2项的规定来看，劳动者依法享受基本养老保险待遇才是导致劳动合同终止的条件，退休只是劳动者享受社会保险待遇的条件。因此，达到退休年龄的劳动者仍是劳动关系的主体。本案中的周正山自1993年4月起就在该公司从事门卫工作，2006年3月4日，周正山年满60周岁，该公司并未参照退休的有关规定为其办理退休手续，而是让其继续工作，说明双方的劳动关系仍在延续、双方的劳动合同并未终止。《最高人民法院关于审理劳动争议案件适用法律若干问题的解释（三）》第7条规定，“用人单位与其招用的已经依法享受养老保险待遇或领取退休金的人员发生用工争议，向人民法院提起诉讼的，人民法院应按劳务关系处理。”本案中，周正山并未享受职工养老保险待遇，也未领取退休金，且在该用人单位连续工作了23年。因此，周正山与该公司之间仍是劳动关系。故高级人民法院主持调解的结果是被告除终审判决支付原告50%的医疗费之外，还要一次性给予原告10万元人民币的经济补偿金。关于周正山的住院医疗费用，二审法院认为周正山系农民工，法律对“用人单位给予农民工缴纳养老保险”并未进行强制性规定。故根据公平主义原则，酌定被告给予原告医疗费的50%。

《劳动和社会保障部关于贯彻两个条例扩大社会保险覆盖范围加强基金征缴工作的通知》（劳社部发〔1999〕10号）第2条明确规定，“城镇异地就业的职工和农民合同制职工参加单位所在地的社会保险”。“农民合同制职工在终止或解除劳动合同后，社会保险经办机构可以将基本养老保险和基本医疗保险个人帐户储存额及失业保险生活补助一次性发给本人。”根据劳动和社会保障部《关于完善城镇职工基本养老保险政策有关问题的通知》（劳社部发〔2001〕20号）第4条的规定，“参加养老保险的农民合同制职工在与企业终止或解除劳动关系后，由社会保险经办机构保留其养老保险关系”，“农民合同制职工在男年满60周岁、女年满55周岁时，累计缴费年限满15年以上的，可按规定领取基本养老金”。上述法律早已对农民工缴纳社会保险并可享受养老保险待遇作出了明文规定，该房地产开发有限公司应当承担周正山的全部医疗费用，而不是50%，并应依法享受养老保险待遇。

最高人民法院民一庭关于达到或者超过法定退休年龄的劳动者（含农民工）与用人单位之间劳动关系终止的确定标准问题的答复
〔2015〕民一他字第6号

山东省高级人民法院：

你院关于达到或者超过法定退休年龄的劳动者（含农民工）与用人单位之间劳动关系终止的确定标准问题的请示收悉。

经研究，答复如下：

原则同意你院审判委员会的倾向性意见，即：对于达到或者超过法定退休年龄的劳动者（含农民工）与用人单位之间劳动合同关系的终止，应当以劳动者是否享受养老保险待遇或者领取退休金为标准。

最高人民法院民一庭

2015年9月30日

最高人民法院民一庭对山东省高级人民法院关于达到或者超过法定退休年龄的劳动者（含农民工）与用人单位之间劳动关系终止的确定标准问题作出了明确的答复。

后　记

“一个人做点好事并不难，难的是一辈子做好事，不做坏事。”

“法律援助志愿者”，这个名词看上去多么美好，听起来多么温暖，但做起来又是多么不易。笔者在近20年的法律援助工作中付出了诸多艰辛和努力，但笔者不但不后悔，反而感到非常快乐，因为这是一件有意义的事。作为一名普通工人，作为一名法律援助志愿者，在为自己维权获得成功之后，又利用自己所掌握的法律知识，为广大的劳动者义务维权。每当帮助受援人打赢官司、让他们拿到赔偿后，笔者比当事人自己都高兴，因为那是笔者的工作成果。笔者在他们事后的感谢中收获了幸福和快乐。国家和政府颁发的每一个荣誉证书，都凝聚了笔者的心血和功劳，这是对笔者的极度认可和肯定。20年中，无偿为上万名农民工等弱势群体讨回工资和赔偿3200余万元，这种成就感怎能用高兴来形容？

其实，笔者并不是一个人在战斗。早在2008年11月，笔者就被大连市委依法治市领导小组办公室评为大连市首批优秀法治宣传志愿者；2009年3月，笔者就获得了由辽宁省司法厅颁发的法律工作者执业证，成为一名专职法律工作者。2012年10月，经大连市司法局批准，由大连市金州新区司法局以笔者个人名字命名并挂牌设立了金州新区法律援助中心尹学林工作站。2014年7月30日，司法部有关领导到尹学林法律援助工作站调研时对尹学林法律援助工作站所做的公益活动表示赞赏。2015年9月20日，中央政法委书记孟建柱到大连视察社会治安防控体系建设工作时，现场播放了尹学林法律援助工作站的事迹短片，成为大连市综治工作的一大亮点，引起与会领导的强烈反响。《法制日报》报道自2008年开始，金州新区司法局便开始大力支持尹学林的法律公益活动。2015年11月12日，先后有四川成都、山东青岛等政法考察团到尹学林工作站实地参观考察，听取了笔者开展法律援助工作的经验介绍。

笔者所代理的法律援助案件都是由司法局法律援助中心指派，为受援人提供法律援助。正是有司法部门的支持和指导，才使得笔者的法律援助工作做得越来越好。这些成绩的取得，都离不开司法部门的长期关注与支持。笔者于2016年9月入编中华人民共和国司法部第五届全国法律援助工作先进个人光荣册，并经广大群众推荐评议和投票，光荣入选中国好人榜。

笔者所获荣誉：

2003年12月被授予阳光工程爱心大使

2008年11月被评为大连市首批优秀法制宣传志愿者

2009年10月被授予共和国六十年建设突出贡献人物

2010年11月被授予大连市十大城市英雄

2011年12月被评为大连市法制宣传教育先进个人

2012年10月被评选为温暖中国——寻找身边的好人候选人

2013年1月被授予大连市金州新区十大文明感动人物

2014年6月被评为大连好人

2014年9月被评为中国好人

2014年12月被评为优秀基层法律服务工作者

2015年12月被授予辽宁好人·身边好人称号

2016年9月被评为第五届全国法律援助工作先进个人

2017年11月被授予好人模范服务站

2018 年 3 月被授予五星级志愿者称号

笔者用法律的杠杆演绎劳动者维权佳话，义务维权的衷心目的在于伸张正义，且将以无比坚定的信念为弱势群体提供更多的正义和希望。

尹学林

2019 年 5 月 15 日

图书在版编目(CIP)数据

劳动者职场维权全指引 / 尹学林著. —北京：中国法制出版社，2019.12

ISBN 978-7-5216-0623-2

Ⅰ. ①劳… Ⅱ. ①尹… Ⅲ. ①劳动法—基本知识—中国
Ⅳ. ①D922.5

中国版本图书馆CIP数据核字（2019）第243807号

策划编辑：潘孝莉

责任编辑：潘孝莉　陆伶楠　　　　封面设计：周黎明

劳动者职场维权全指引

LAODONGZHE ZHICHANG WEIQUAN QUAN ZHIYIN

著者 / 尹学林

经销 / 新华书店

印刷 / 三河市国英印务有限公司

开本 / 710毫米 × 1000毫米　16开　　　　印张 / 14.75　字数 / 190千

版次 / 2019年12月第1版　　　　2019年12月第1次印刷

中国法制出版社出版

书号ISBN 978-7-5216-0623-2　　　　定价：49.00元

北京西单横二条2号　邮政编码100031　　　　传真：010-66031119

网址：http://www.zgfzs.com　　　　**编辑部电话：010-66073673**

市场营销部电话：010-66033393　　　　**邮购部电话：010-66033288**

（如有印装质量问题，请与本社印务部联系调换。电话：010-66032926）